# 文化中国

## 中华优秀传统文化

第十一册

**丛书主编**
文新华
**本册主编**
曹圣龙
**本册副主编**
时 颖



华东师范大学出版社
·上海·

图书在版编目（CIP）数据

文化中国：中华优秀传统文化．第十一册/文新华主编．—上海：华东师范大学出版社，2024
ISBN 978－7－5760－4680－9

Ⅰ．①文…　Ⅱ．①文…　Ⅲ．①中华文化—高中—教学参考资料　Ⅳ．①G634.303

中国国家版本馆 CIP 数据核字（2024）第 090910 号

**文化中国：中华优秀传统文化　第十一册**

WENHUA ZHONGGUO：ZHONGHUA YOUXIU CHUANTONG WENHUA DI SHIYI CE

丛书主编　文新华
策划编辑　曹祖红
项目编辑　游胜男
责任编辑　陆奕彤
责任校对　江小华
装帧设计　刘怡霖

出版发行　华东师范大学出版社
社　　址　上海市中山北路 3663 号　邮编 200062
网　　址　www.ecnupress.com.cn
电　　话　021－60821666　行政传真 021－62572105
客服电话　021－62865537　门市（邮购）电话 021－62869887
地　　址　上海市中山北路 3663 号华东师范大学校内先锋路口
网　　店　http://hdsdcbs.tmall.com

印 刷 者　上海新华印刷有限公司
开　　本　787 毫米×1092 毫米　1/16
印　　张　9
字　　数　143 千字
版　　次　2025 年 2 月第 1 版
印　　次　2025 年 2 月第 1 次
书　　号　ISBN 978－7－5760－4680－9
定　　价　48.00 元

出 版 人　王　焰

# 目　录

# 第一单元

# 诗情画境，意趣妙然

## ——中华语言文字和文学艺术

# 第一节
# 书法艺术——唐代书法

唐朝初期，社会安定，经济日益繁荣，书法亦蓬勃发展，朝廷定书法为国子监六学之一（《旧唐书・职官志三》：“（国子监）祭酒、司业之职，掌邦国儒学训导之政令，有六学。一国子学，二太学，三四门，四律学，五书学，六算学也。”），设书学博士，以书法取士。唐太宗李世民喜好书法，倡导书学，并竭力推崇王羲之的书法，这对唐代书法的发展和繁荣起到了重要作用。

## 一、唐初四大书家

历代盛称的“唐初四大书家”，指的是唐朝初年的欧阳询、虞世南、褚遂良、薛稷这四位书法家。

**1. 欧阳询**。

欧阳询（557—641），唐书法家。字信本，潭州临湘（今湖南长沙）人，由陈、隋入唐，深得李世民的赏识和器重。官至太子率更令、弘文馆学士，封渤海县男，世称欧阳率更。博通经史，编撰《艺文类聚》一百卷。其书法初学王羲之，后遍学秦汉篆隶、魏碑，各体俱精，楷法独尊。楷书劲险刻厉、法度严谨，于平正中见险绝，人称“欧体”“率更体”。清代翁方纲《复初斋文集》评：“千门万户，规矩方圆之至者矣。斯所以范围诸家，程序百代也。”碑刻有正书《九成宫醴泉铭》《化度寺碑》《虞恭公碑》《皇甫诞碑》及隶书《房彦谦碑》等。行书墨迹有《张翰帖》《梦奠帖》《卜商帖》等。书法理论有《用笔论》《三十六法》《八诀》《传授诀》等。

**2. 虞世南**。

虞世南（558—638），唐书法家、文学家。字伯施，越州余姚鸣鹤（今属浙江慈溪）人。隋炀帝时官起居舍人，唐时历任弘文馆学士、秘书监等，封永兴县子，世称虞永兴，谥文懿。唐太宗称其“德行、忠直、博学、文词、书翰”五绝。手诏魏王泰曰：“世南当代名臣，人伦准的，今其云亡，石渠、东观中无复人矣。”其书法刚柔并重，骨力遒劲。《书后品》列其书为上之下品，评云：“萧散洒落，真草惟命，如罗绮娇春，鹤鸿戏沼，故当（萧）子云之上。”《书断》卷中列其隶、行书为妙品。宋黄庭坚有诗赞其代表作《孔子庙堂碑》：“孔庙虞书贞观刻，千两黄金那购得。”正书碑刻有《孔子庙堂碑》《破邪论序》等。

### 3. 褚遂良。

褚遂良（596—658或659），唐大臣，书法家。字登善，钱塘（今浙江杭州）人，一说阳翟（今河南禹州）人。博学多才，精通文史。隋末时，跟随薛举为通事舍人。归顺唐朝后，任谏议大夫、中书令，执掌朝政大权。贞观二十三年（649）与长孙无忌同受太宗遗诏辅政。高宗即位，任吏部尚书、左仆射、知政事。封河南郡公，人称褚河南。后因坚决反对立武则天为后，被贬谪而死。其书法继二王（羲之、献之）、欧（阳询）、虞（世南）以后，别开生面。

碑刻有《伊阙佛龛碑》《孟法师碑》《房玄龄碑》《雁塔圣教序》等。著有《右军书目》。

### 4. 薛稷。

薛稷（649—713），唐书画家。字嗣通，蒲州汾阴（今山西万荣西南）人。他是魏徵的外孙。中宗景龙末，出任昭文馆学士。曾任黄门侍郎、参知机务、太子少保、礼部尚书，世称薛少保。唐玄宗时，窦怀贞等人密谋政变，其以知情不报被赐死。其书法得于褚遂良为多，所以当时有“买褚得薛，不失其节”的说法。《广川书跋》曰：“然其师承血脉，则于褚为近。至于用笔纤瘦，结字疏通，又自别为一家。”“用笔纤瘦”，正是宋徽宗“瘦金书”所效法。碑刻有《昇仙太子碑》碑阴题名及《信行禅师碑》。

“唐初四大书家”的书法有一个共同的特点，就是楷书的风格都是“清秀瘦劲”，其中欧阳询的楷书更为突出，贡献也最大。欧阳询与后来的颜真卿、柳公权、赵孟頫并称“楷书四大家”，他的《九成宫醴泉铭》是欧体楷书的登峰造极之作。

## 二、颠张狂素

唐代在草书上有创造性的书家当推盛唐张旭和中唐怀素。二人并称“颠张狂素”，又称“颠张醉素”。

### 1. 张旭。

张旭，生卒年不详，唐书法家。字伯高，苏州吴（今江苏苏州）人。官金吾长史。工书，精通楷法，草书最为知名。唐文宗曾下诏以李白诗歌、裴旻剑舞、张旭草书为“三绝”。其为人洒脱不羁，豁达豪放，嗜好饮酒，相传常于大醉后呼喊狂走，然后落笔，故人称张颠。其草书继承二王，上溯张芝而有明显的独创性，奔放不羁，纵笔如兔起鹘落，一气贯注，有急雨骤风之势。《宣和书谱》说：“其草字虽奇怪百出，而求其源流，无一点画不该规矩者。”正书有碑刻《郎官石记》。相传墨迹《草书古诗四帖》为其手书。其正书《郎官石记》，完全是虞欧笔法，端严规整。欧阳修《集古录》对《郎官石记》的评价是：“旭以草书知名，此字真楷，可爱。”

### 2. 怀素。

怀素（725—785，一作 737—799），唐书法家。僧人。字藏真，本姓钱，长沙（今属湖南）人，一说零陵（今湖南永州）人。精勤学书，以善“狂草”闻名。其草书如风，奇幻变化，舒展自如，飘逸自然。好饮酒，兴到运笔，如骤雨旋风，飞动圆转，虽多变化，而法度具备。传世书迹有《自叙帖》《苦笋帖》《论书帖》《小草千字文》等。

怀素与张旭形成唐代书法双峰并峙的局面，也是中国草书史上两座不可企及的高峰。黄庭坚《山谷题跋》评曰：“此二人者，一代草书之冠冕也。”肯定了张旭、怀素在草书上的成就。

# 第二节
# 垂后识古越时空——汉字的发展

许慎《说文解字叙》："盖文字者，经艺之本，王政之始。前人所以垂后，后人所以识古。"意为：文字是经史百家之书的根基，是推行王道的首要条件。前人用它记述自己的经验并传示给后人，后人依靠它认识古代的历史。从中不难看出汉字具有超越时空、联系古今的巨大作用。

和世界上所有的文字一样，汉字也有一个产生、发展的过程。不同于直接借用某一种文字体系来记录另一种语言，或者在这种文字体系的影响下创制出新的文字体系的他源文字，汉字属于自发产生的文字系统，即自源文字。其沿用至今，成为世界上较少的没有间断过的文字形式。当然，其在漫长的历史上，也随着本民族文化的发展而几经变化。

汉字在发展演变过程中，其字符形式与书体都有很大的变化，这些变化被称为"汉字流变"。以下着重介绍汉字数量、汉字字体、汉字字符结构以及汉字字义的演变。

## 一、汉字数量演变

秦代的《仓颉》《爰历》《博学》三篇共有 3 300 字。西汉扬雄的《训纂篇》有 2 040 字。东汉许慎的《说文解字》有 9 353 字。晋宋以后，文字又日渐增繁。据唐代封演的《封氏闻见记》记载，晋代吕忱的《字林》有 12 824 字，北魏杨承庆的《字统》有 13 734 字，南朝梁陈之间顾野王的《玉篇》有 16 917 字。唐代孙强对《玉篇》进行增减，使之达到 22 561 字。宋代司马光整理的《类篇》多至 31 319 字。清代的《康熙字典》共收 47 035 字。1915 年出版的欧阳博存等的《中华大字典》，共收字 48 000 多。1955—1960 年间出版的日本诸桥辙次的《大汉和辞典》，收字 49 964 个。1962—1968 年出版的《中文大辞典》有 49 905 字。

随着时代的推移，字典中所收录的汉字数量越来越多。1990 年出版的《汉语大字典》，收字 56 000 多个；1994 年出版的《中华字海》，收字数更是惊人，达 85 000 多。

## 二、汉字字体演变

汉字字体演变过程可用“甲金篆隶草楷行”（甲骨文、金文、篆书、隶书、草书、楷书、行书）这七种字体，即“汉字七体”来概括。其中，篆书又有大篆、小篆之分；隶书则有秦隶、汉隶之别。秦统一中国后，连续对汉字进行简化、整理，使汉字逐渐走向规范化。楷书形成后，中国汉字书体已基本定型。

## 三、汉字字符结构演变

汉字属于表意体系的文字，字形和字义有着密切的关系，因此可通过字形分析来探寻一个字造字之初的原始意义，即字的本义。

许慎在《说文解字叙》中提到：“《周礼》：八岁入小学，保氏教国子，先以六书。一曰指事。指事者，视而可识，察而可见，‘上、下’是也。二曰象形。象形者，画成其物，随体诘诎，‘日、月’是也。三曰形声。形声者，以事为名，取譬相成，‘江、河’是也。四曰会意。会意者，比类合谊，以见指撝，‘武、信’是也。五曰转注。转注者，建类一首，同意相受，‘考、老’是也。六曰假借。假借者，本无其字，依声托事，‘令、长’是也。”这一解说，是历史上首次对“六书”进行定义的正式记载。

“以形索义”虽然能够产生很大的作用，但是它仍存在着若干局限：首先，在历史长河中，汉字的形体结构已经发生了很大的变化，其字形也已经失去了表义功能，因此“以形索义”必须借助于古文字资料和研究成果。其次，在汉字的长期发展过程中，由于词义的引申和文字的假借，字义和词义之间出现了复杂的情况，所以在确定字的本义时，字形分析只能作为参考，而不能作为唯一的依据。最后，形声字的形符只能揭示其意义范畴，而不能指明其本义。如“哲”字是个形声字，其意符是“口”，“口”字的本义是“嘴”，“哲”字在《说文解字》中译为“哲，知也。从口，折声”。由此可见，许慎的说法是对的。这里的“知”实为“智”，是“聪明”的意思，因此一个字的字符结构并不等于这个字的本义。

## 四、汉字字义演变

伴随着时代的变迁和历史的发展，每一个汉字字义的扩大、缩小和转移是必然的。

**1. 字义扩大**。

指一个字今义的范围大于古义，古义包含在今义之中。例如，“睡”的古义专指坐着打瞌睡。《说文解字·目部》：“睡，坐寐也。”《史记·商君列传》：“孝公既见卫鞅，语事良久，孝公时时睡，弗听。”《战国策·秦策一》：“读书欲睡，引锥自刺其股，血流至足。”中古以后“睡”指睡着，与“寐”同义；又表示睡觉，与“寝”同义。今义范围扩大，指睡觉。

**2. 字义缩小**。

指一个字今义的范围小于古义，今义包含在古义之中。词义的缩小是词义演变、造成词义古今差异的最常见的现象。例如，“金”的古义泛指金属。《说文解字·金部》：“金，五色金也。”许慎所说的“五色金”，泛指金、银、铅、锡、铜、铁等金属，是金属的总称。可见，那时“金”并不单指黄金。《左传·僖公十八年》：“郑伯始朝楚，楚子赐之金。既而悔之，与之盟曰：‘无以铸兵。’故以铸三钟。”这里记载的楚王赐给郑国的“金”显然是铜，因为那时铸兵器、钟鼎等都用铜。今义的范围缩小，指黄金。

**3. 字义转移**。

古汉语中一些汉字的字义，随着历史的发展，由原来表示的对象转移到表示另外一种对象。如：“走”的古义是跑，今义是行走；“涕”的古义指眼泪，今义指鼻涕；“汤”的古义指热水，今义指食物煮后所得的汁水或烹调后汁儿特别多的副食。

在漫长的历史岁月中，汉字的变化是细微的，总体而言，其在字形上几乎没有发生翻天覆地的变化。有了统一而稳定的汉字，不同方言区的人可以看懂彼此写的书面语，这也是汉字“垂后识古越时空”的魅力所在。

## 第三节 巧借成语，妙学文言

成语具有简洁精辟、信息量大、易于记忆、便于提取等特点，易于引起学生的兴趣，在帮助学生记忆并使用文言词语意义和语法规则时，可以作为一种互相印证、拓展补充的教学辅助手段，具有无可替代的作用。成语中包含了几乎所有的古汉语语法现象，是理解、掌握古汉语语法规则最便捷的途径。

### 一、巧借成语，妙学词类活用

成语中有大量的词类活用现象，是学习和掌握古汉语语法难点的有效载体和途径。

**1. 名词作状语**。

如：失时不雨，民且狼顾；岁恶不入，请卖爵子。（《论积贮疏》）句中“狼”是古汉语的名词作状语，当理解为“像狼那样”。这与成语“豕突狼奔”中“豕”和“狼”的用法完全一致，都是用在动词前面，且不做主语。

具有相同用法的成语还有：白驹（像白驹那样）过隙、蚕（像蚕那样）食鲸（像鲸那样）吞、车（用车）载斗（用斗）量、虎（像老虎那样）踞龙

（像长龙那样）盘、江河日（一天天地）下、鳞（像鱼鳞一样）次栉（像梳子的齿一样）比、龙（像龙那样）飞凤（像凤那样）舞、犬牙（像犬牙一样）交错、风（在风中）餐露（在露水中）宿。

**2. 名词、形容词作动词。**

如：①安能摧眉折腰事权贵；（《梦游天姥吟留别》）②汝复轻身而昧大义。（《左忠毅公逸事》）句①中的"事"名词用作动词，可译为"侍奉"，与成语"无所事事"中的第一个"事"用法相同；句②中的"轻"形容词用作动词，可译为"轻视、看轻"，与成语"轻身重义"中"轻"与"重"的用法完全一致。

具有这种用法的成语还有：晨钟（敲钟）暮鼓（击鼓）、江河日下（向下流）、密云不雨（下雨）、衣（穿）锦还乡、莫名其妙（说出）、沐猴而冠（戴帽）、人莫予毒（伤害）。

**3. 形容词作名词。**

如：成述其异，宰不信。（《促织》）句中的"异"形容词用作名词，可译为"特殊的本领"。成语"见异思迁"中的"异"可以译为"不同的事情"，也是形容词用作名词。

具有相同用法的成语还有：驾轻（轻巧的车）就熟（熟悉的路）、温故（旧的知识）知新（新的体会）、忆苦（艰苦的生活）思甜（幸福的生活）、乘坚（坚固的车）策肥（肥壮的马）、摧枯（枯草）拉朽（朽木）。

**4. 使动用法。**

如：夫以秦王之威，而相如廷叱之，辱其群臣。（《廉颇蔺相如列传》）句中的"辱"是典型的使动用法，译为"使……受辱"。成语"丧权辱国"中的"辱"也是使动用法，译为"使……受辱"。

具有类似用法的成语还有：汗牛充栋（使……流汗）、穿云裂石（使……裂开）、大快人心（使……痛快）。

### 5. 意动用法。

如：微指左公处，则席地倚墙而坐。（《左忠毅公逸事》）句中的“席”是名词的意动用法，可以译为“把……当作睡席”。这与成语“幕天席地”中“幕”与“席”的用法完全一样。

具有类似用法的成语还有：师心自用（以……为榜样）、不耻下问（以……为耻辱）。

## 二、巧借成语，妙学文言句式

成语中包含了所有的古汉语特殊句式，短小而上口，便于记忆和提取。

### 1. 倒装句。

（1）宾语前置。

在古汉语中，否定句或疑问句中代词作宾语，宾语一般要提到谓语前面。这种现象在成语中也同样存在，如时不我待、人莫予毒、何去何从、何罪之有等。另外，古汉语中常见的以“是”为宾语提前的标志的现象，在成语中也很常见，如唯利是图、唯命是从、唯才是举等。

（2）状语后置（也叫介词结构后置）。

这种古汉语中常见的语法现象常常是在“于”“以”等介词后面带上宾语，组成介宾结构短语，再放在动词或形容词后面充当补语。成语中也常有这种语法现象，如重于泰山、老于世故、嗤之以鼻、授人以柄、绳之以法等。

### 2. 省略句。

在古汉语中，成分省略现象很普遍。成语中也存在成分省略现象，但以介词或介词宾语的省略居多，如不以（之）为然、信（之）以为真、如坐（于）针毡、祸起（于）萧墙、如坐（于）春风等。

**3. 判断句**。

在古汉语中，“……者，……也”是最常见的表判断的句式。而在成语中，常用“乃”“为”等虚词来表判断，如胜败乃兵家常事、安身为乐、不以为奇、自以为是等。

**4. 被动句**。

在古汉语中，常以“见……于……”的句式或“为”字等为标志，表示被动。在成语中也是如此，如见弃于人、古为今用、洋为中用等。

综上，古汉语的很多知识点都不乏成语实例。以成语实例辅助高中古汉语的教与学，能快速有效地化解古汉语教学中的诸多难点，同时为文言文学习搭建一个桥梁。

## 第四节
## 趣言中的哲理——柳宗元寓言

### 罴说

鹿畏貙[①]，貙畏虎，虎畏罴[②]。罴之状，被[③]发人立，绝[④]有力而甚害人焉。楚[⑤]之南有猎者，能吹竹为百兽之音。昔云持弓矢罂[⑥]火而即之山，为鹿鸣以感[⑦]其类，伺其至，发火而射之。貙闻其鹿也，趋[⑧]而至。其人恐，因为虎而骇之。貙走而虎至，愈恐，则又为罴。虎亦亡[⑨]去。罴闻而求其类，至则人也，捽[⑩]搏[⑪]挽裂而食之。

今夫不善内而恃外者，未有不为罴之食也。

**注释**

①貙（chū）：一种像狐狸而形体较大的野兽。②罴（pí）：熊的一种，黄白花纹，能直立行走，亦称“棕熊”“人熊”。③被（pī）：同“披”。④绝：极，非常。⑤楚：春秋、战国时属楚国，相当于今湖南、湖北一带。⑥罂：

一种腹大口小的瓦罐。⑦感：召唤，引诱。⑧趋：快跑。⑨亡：逃跑。⑩捽(zuó)：揪住。⑪搏：搏击，抓、扑。

## 译文

鹿害怕貙，貙害怕虎，虎又害怕罴。罴的样子是头上披着长发，好像人一样站着，非常有力气而且害处非常大。楚国的南部有个打猎的人，能用竹笛模仿出各种野兽的叫声。他悄悄地拿着弓、箭、一种腹大口小的瓦罐及火种来到山上，模仿鹿的叫声来引诱鹿出来，等到鹿一出来，就用火种向它射去。貙听到了鹿的叫声，快跑过来。猎人见到貙很害怕，于是就模仿虎的叫声来吓唬它。貙被吓跑了，虎听到同类的叫声又赶来了，猎人更加惊恐，就又吹出罴的叫声来，虎也逃跑离开了。罴听到声音就出来寻找同类，找到的却是人，就揪住他，和他搏击，把他撕成碎块吃掉了。

现在那些没有真正的本领却专门依靠外部力量的人，没有一个不成为罴的食物的。

## 赏析

这篇文章写一个猎人企图用竹管吹奏出鹿鸣的声音来诱杀鹿，结果反而招来其他猛兽，最终被罴所食，讽刺了那些没有真正本领而只凭侥幸混日子的人，具有鲜明的现实针对性，可视为政论性寓言。而故事之生动与立论之严肃巧妙结合，寓言其表，论说其里，则是其主要特点。

## 蝜蝂传

蝜蝂[①]者，善负小虫也。行遇物，辄[②]持取，卬[③]其首负之。背愈重，虽困剧[④]不止也。其背甚涩[⑤]，物积因[⑥]不散，卒[⑦]踬仆[⑧]不能起。人或怜之，为去[⑨]其负[⑩]，苟能行，又持取如故。又好[⑪]上高，极其力不已，至坠地死。

今世之嗜取者[⑫]，遇货[⑬]不避，以厚其室，不知为己累也，唯恐其不积。及其怠[⑭]而踬也，黜弃[⑮]之，迁徙[⑯]之，亦以病矣。苟能起，又不艾[⑰]。日思高其位，大其禄，而贪取滋[⑱]甚，以近于危坠，观前之死亡，不知戒[⑲]。虽其形魁然大者也，其名人[⑳]也，而智则小虫也。亦足哀夫！

## 注释

①蝜蝂(fùbǎn)：《尔雅》径作“负版”。一种黑色小虫。②辄(zhé)：

立即，就。③卬（ánɡ）：同“昂”，抬起。④困剧：非常疲乏。⑤涩：不光滑。⑥因：因而。⑦卒：最后，最终。⑧踬仆（zhìpū）：跌倒，此指被东西压倒。⑨去：除去，拿掉。⑩负：负担，指小虫身上背的东西。⑪好（hào）：喜爱。⑫嗜取者：贪得无厌的人。⑬货：这里泛指财物。⑭怠（dài）：通“殆”，松懈。引申为“出了问题”“捅了娄子”。⑮黜（chù）弃：被罢免。⑯迁徙：贬谪，流放。⑰艾：通“乂”，改过，悔改。⑱滋：更加。⑲戒：吸取教训。⑳名人：被命名为人，意为“被称作人”。

**译文**

蝜蝂是一种善于背东西的小虫。它在爬行中遇到东西，就抓取过来，抬起头背着它们。背负的东西越来越重，即使非常疲乏也不停止。它的背很不光滑，因而物体堆积不会散落，最终被压倒爬不起来。有时人们可怜它，替它除去背上的物体。可是如果它还能爬行，就像原先一样抓取物体。它又喜爱往高处爬，用尽了它的力气也不停止，直至跌落到地上摔死。

如今世上那些贪得无厌的人，见到钱财就不放过，用来增加他们的家产，不知道财货会成为自己的累赘，只担心财富积聚得不够多。等到他们出了问题栽了跟头，有的被罢免，有的被流放到边远地区，也已经祸害人了。如果再被起用，他们仍不悔改，每天想着提高自己的官位，增加自己的俸禄，而且更加厉害地贪取钱财，因而面临着从高处摔下来的危险，看到前人因极力求官贪财而自取灭亡，不知道吸取教训。即使他们的外形看起来壮伟庞大，他们被称作人，可是智慧却和蝜蝂这样的小虫一样。这也太可悲了！

**赏析**

这是一篇寓言小品，通过描写小虫蝜蝂善负物、喜爬高的特性，讽刺“今世之嗜取者”聚敛资财、贪得无厌、至死不悟的丑恶面目和心态。

本文因物肖形，创造了比较完整的、个性化的寓言形象，既集中动物本身的特征，形象鲜明生动，又揭示了现实生活中某些人的嘴脸，寓意深刻。另外，运用了象征的表现手法，通过描写蝜蝂贪得无厌，最终因此丧身这一性格，形象地写出贪官污吏的贪婪愚蠢以及最后的悲惨命运，表达了作者对于官场腐败的厌恶以及批判。

## 鹘说

有鸷[1]曰鹘[2]者，穴于长安荐福浮图有年矣。浮图[3]之人室宇于其下者，伺之甚熟，为余说之曰："冬日之夕，是鹘也，必取鸟之盈握者完而致之，以燠[4]其爪掌，左右而易之。旦则执而上浮图之跂[5]焉，纵之，延其首以望，极其所如往，必背而去焉。苟东矣，则是日也不东逐，南北西亦然。"

呜呼！孰谓爪吻毛翮之物而不为仁义器耶？是固无号位爵禄之欲，里闾亲戚朋友之爱也，出乎彀[6]卵，而知攫食决裂之事尔，不为其他。凡食类之饥，唯旦为甚，今忍而释之，以有报也。是不亦卓然有立者乎？用其力而爱其死，以忘其饥，又远而违之，非仁义之道耶？恒其道，一其志，不欺其心，固斯世之所难得也。

余又疾夫今之说曰：以煦煦而嘿[7]，徐徐而俯者，善之徒；以翘翘而厉，炳炳而白者，暴之徒。今夫枭鸺[8]，晦于昼而神于夜；鼠不穴寝庙，循墙而走，是不近于煦煦者耶？今夫鹘，其立趯[9]然，其动砉然[10]，其视的然，其鸣革然，是不亦近于翘翘者耶？由是而观其所为，则今之说为未得也。孰若鹘者，吾愿从之。毛耶翮耶，胡不我施？寂寥太清，乐以忘饥。

### 注释

①鸷（zhì）：凶猛的鸟，如鹰、雕。②鹘（gǔ）：猛禽，俯击小鸟如鸠鸽等为食。一说鹘即隼。义为隼时，鹘读作"hú"。③浮图：一义为佛，一义为塔。此处为塔，为梵语音译，也写作"浮屠""佛图"。④燠（yù）：温暖。⑤跂：这里指（荐福寺）塔顶端。⑥彀（kòu）：待母哺食的雏鸟。⑦嘿：通"默"。⑧枭鸺（xiāo xiū）：泛指猫头鹰。⑨趯（tì）：跳跃。⑩砉（huā）然：形容迅速动作的声音。

### 译文

有一种叫鹘的凶猛的鸟，在长安的荐福寺塔上筑巢居住已经很多年了。在荐福寺居住的和尚在塔下伺探过它，对它非常熟悉，对我讲起这只鹘时说："到了冬天的晚上，这只大鹘一定要带一只盈盈一握的小鸟完整无缺地回到巢穴之中，来温暖小鸟的爪掌，还左右不停地轮换着捂。到第二天早上就带上小鸟，登上荐福寺塔顶端，放走那只小鸟，伸长脖子翘首而望，极目张望小鸟所飞往的方向，它自身一定背着这个方向而离开。假如小鸟飞向东方，那么它这一天决不会去东方逐食，其他的南、北、西三个方向的情况也是这样。”

唉，谁说爪吻毛翮的动物就不做仁义的事呢？鹘本来是没有对名声职位、官爵俸禄的欲望，没有对邻里、亲戚朋友的友爱之心，它从壳卵之中出生，就知道抓取食物撕碎后吞吃，不做别的事情。但凡像鹘这类肉食动物的饥饿感，在早晨的时候最为严重，现在它却强忍饥饿把手中的食物放飞，想要有所回报。这难道不是特异不凡而有所树立吗？用了它自己的力气又可怜小鸟的将死，因而忘记了自己的饥饿，又远远地避开那只小鸟，这难道不是仁义之道吗？坚持自己的主张，专一自己的心志，不欺骗自己的内心，本来就是这个世界上最难找寻到的。

我又痛惜现在人们的说法，说：“样子和悦而默然无语，动作舒缓而俯伏相问的，一定是善良之人；高高地跃起、明明白白地说出来的，一定是凶暴之人。”现在猫头鹰白天看不清东西，晚上却双目炯炯有神；老鼠不在祭祀的宗庙打洞筑穴，而是沿着墙根跑，这难道不是近似于样子和悦的人吗？现在，鹘站立着，好像要跳跃的样子，它行动起来砉然有声，它看东西清清楚楚，它的鸣叫有如钟鼓之声，这难道不是近似于高高而立的人吗？由和尚所说的事情来观察鹘的所作所为，那么现在人们的说法就是不正确的。有谁像鹘那样做的，我愿意跟随他，向他学习。毛翮之鸟啊，为什么不施惠于我？在寂寥的天空中，它欢乐而忘却了腹中的饥饿。

**赏析**

本文在写法上就事论理，构思新颖，结构缜密，巧妙利用叙述、议论、抒情等多种手法，富有很强的感染力。通过对鹘的描写，说明不能从表面上来分辨人的善恶的道理。鹘的形象及其作为，显示了作者崇高的审美理想。

# 第五节
# 经典宋词诵读

## 一剪梅[①]

［宋］李清照

红藕香残玉簟[②]秋。轻解罗裳，独上兰舟[③]。云中谁寄锦书[④]来？雁字[⑤]回时，月满西楼。

花自飘零水自流。一种相思，两处闲愁。此情无计可消除，才下眉头，却上心头。

**注释**

①一剪梅：词牌名，又称“玉簟秋”，双调，六十字，上下片各六句。②玉簟（diàn）：光滑如玉的竹席。③兰舟：船的美称。④锦书：写在锦帛上的信。据《晋书》记载，窦滔妻苏氏曾织锦为《回文璇玑图诗》，寄给她的丈夫。后来就用“锦书”指代妻子给在外丈夫的信。这里反用其义，指在外的丈夫寄给妻子的信。⑤雁字：大雁群飞时在天空中排成整齐的“人”或“一”字形，因此称“雁字”。相传大雁能传书。

## 武陵春[①]

［宋］李清照

风住尘香[②]花已尽，日晚倦梳头。物是人非事事休，欲语泪先流。

闻说双溪春尚好，也拟泛轻舟。只恐双溪舴艋舟[③]，载不动许多愁。

**注释**

①武陵春：词牌名，又作“武林春”“花想容”，双调，四十八字，上下阕各四句。这首词为变体。②风住尘香：风停了，尘土里带有落花的香气。③舴艋舟：一种形似蚱蜢的小船。

## 永遇乐[①]·京口[②]北固亭怀古

［宋］辛弃疾

千古江山，英雄无觅，孙仲谋[③]处。舞榭歌台[④]，风流总被雨打风吹去。斜阳草树，寻常巷陌[⑤]，人道寄奴[⑥]曾住。想当年，金戈铁马，气吞万里如虎。

元嘉草草[⑦]，封狼居胥[⑧]，赢得仓皇北顾[⑨]。四十三年，望中犹记，烽火[⑩]扬州路。可堪[⑪]回首，佛狸祠[⑫]下，一片神鸦[⑬]社鼓。凭谁问：廉颇[⑭]老矣，尚能饭否？

**注释**

①永遇乐：词牌名，双调，一百零四字，分上下两阕。②京口：古城名，今江苏镇江。东汉末、三国吴时称京城。东晋、南朝时，因城凭山临江，通称京口城。③孙仲谋：三国时吴国国君孙权，字仲谋。他始置都京口镇。④舞榭歌台：演出歌舞的台榭。榭，建在高土台上的敞屋。⑤寻常巷陌：普通的街道。巷、陌，这里都指街道。⑥寄奴：南朝宋武帝刘裕小名。刘裕为彭城（今江苏徐州）人，迁居京口，于京口起兵北伐，灭南燕、后秦，又废晋帝，建立刘宋。⑦元嘉草草：指南朝宋刘义隆仓促北伐。元嘉，刘裕儿子刘义隆年号。草草，轻率。⑧封狼居胥：指西汉元狩四年（前119）霍去病出代郡塞击败匈奴，封狼居胥山。积土为坛于山上，祭天曰封，古时用此方法庆祝胜利。⑨赢得仓皇北顾：宋文帝刘义隆命王玄谟率师北伐，被北魏太武帝拓跋焘击败，魏趁机大举南侵，直抵扬州，吓得宋文帝亲自登上建康幕府山并向北观望形势。赢得，剩得，落得。⑩烽火：指金兵南下的战火。⑪可堪：表面意为可以忍受得了，实则是怎能忍受得了。堪，忍受。⑫佛狸祠：北魏太武帝拓跋焘击败南朝宋军后，在长江北岸瓜步山上建立行宫，即后来的佛狸祠。佛狸，北魏太武帝拓跋焘小名。⑬神鸦：庙里吃祭品的乌鸦。⑭廉颇：战国时赵国名将。

## 扬州慢[①]

［宋］姜　夔

淳熙丙申[②]至日，予过维扬[③]。夜雪初霁，荠麦[④]弥望[⑤]。入其城，则四顾萧条，寒水自碧，暮色渐起，戍角[6]悲吟。予怀怆然，感慨今昔，因自度此曲。千岩老人[7]以为有《黍离》[8]之悲也。

淮左名都[9]，竹西佳处，解鞍少驻初程。过春风十里[10]，尽荠麦青青。自胡马窥江[11]去后，废池乔木，犹厌言兵。渐[12]黄昏，清角[13]吹寒，都在空城。

杜郎[14]俊赏，算而今重到须惊。纵豆蔻词工[15]，青楼梦好，难赋深情。二十四桥仍在，波心荡、冷月无声。念桥边红药，年年知为谁生？

**注释**

①扬州慢：词牌名，双调，九十八字。此调为姜夔自度曲。②淳熙丙申：宋孝宗淳熙三年（1176）。③维扬：即扬州，今属江苏。④荠麦：荠菜和麦子。⑤弥望：满眼。⑥戍角：军营中发出的号角声。⑦千岩老人：南宋诗人萧德藻，字东夫，自号千岩老人。姜夔曾跟他学诗。⑧《黍离》：选自《诗经·王风》。据说周平王东迁后，周大夫经过西周故都，看见宗庙毁坏，尽为禾黍，彷徨不忍离去，就做了此诗。⑨淮左名都：指扬州。宋时在淮扬一带设置淮南东路和淮南西路。淮南东路称淮左。扬州是淮左地区著名的都会。⑩春风十里：形容昔日扬州春日的繁华景象。语本杜牧《赠别》：“春风十里扬州路，卷上珠帘总不如。”⑪胡马窥江：指金兵南侵。⑫渐：向，到。⑬清角：凄清的号角声。⑭杜郎：即杜牧。⑮豆蔻词工：杜牧《赠别》“娉娉袅袅十三余，豆蔻梢头二月初”，以含苞未放的豆蔻形容少女之美，比喻新巧，故曰“词工”。

## 卜算子[1]·咏梅

［宋］陆　游

驿外[2]断桥[3]边，寂寞开无主[4]。已是黄昏独自愁，更著[5]风和雨。

无意苦[6]争春[7]，一任[8]群芳妒。零落成泥碾作尘[9]，只有香如故。

**注释**

①卜算子：词牌名，又名“百尺楼”“眉峰碧”“楚天遥”，双调，四十四字，分上下片。②驿外：指荒僻、冷清之地。驿，驿站，供驿马或官吏中途休息的专用建筑。③断桥：残破的桥。④无主：无人照看和玩赏。这里借

指词人政治上孤独无依、无人赏识，只能孤芳自赏。⑤著（zhuó）：同“着”，遭受，承受。⑥苦：尽力，竭力。⑦争春：与百花争奇斗艳。⑧一任：全任，完全听凭。⑨碾作尘：压碎后化作灰土。

## 单元学习活动

◎在唐代众多书法大家的作品中，挑选你最欣赏的一件作品，并介绍它的特点以及你欣赏它的理由。

◎在你的生活中寻找那些字义发生变化的汉字，梳理其变化脉络，并借助相关资料，探寻其变化的原因。

◎依据词类活用和文言句式的类型对成语进行记忆，并附以可理解的成语。

◎在古文积累本上，分实词、虚词、词类活用、特殊句式等项，积累本单元中出现的文言词句。

◎宋词可分为豪放和婉约两种风格，请将本单元中的词作按此分类，举例分析两种风格的词作所表达的情感有什么不同。词人的生平际遇对其词作风格的形成也往往有一定影响，试举一例加以分析。

# 第二单元

# 社会主义核心价值观的中华文化之源
# ——经典古文阅读

# 第一节
# 社会主义核心价值观 · 自由

社会主义核心价值观，在社会层面的第一个价值目标，是“自由”。

中国古代社会给人的印象往往是秩序井然、礼教森严，乃至人们认为，缺乏自由就是中国社会的传统。我们现在呼吁创造一个自由开放的社会，让每一个生命个体都能够尽情释放，但这并不等于自由在传统文化里就是缺失的。自由与秩序、纪律相生相伴，在国学里也随处可见。

## 一、心灵自由

心灵的自由，才是一个人真正的自由。人力所能永远是有限的，人生环境永远是有遗憾的。然而，心灵的开阔可以超越现实局限，使人自由翱翔在无边无际的精神世界。

**经典古文阅读篇目 1：**

北冥有鱼，其名为鲲。鲲之大，不知其几千里也；化而为鸟，其名为鹏。鹏之背，不知其几千里也；怒而飞，其翼若垂天之云。是鸟也，海运则将徙于南冥，——南冥者，天池也。《齐谐》者，志怪者也。《谐》之言曰：“鹏之徙于南冥也，水击三千里，抟扶摇而上者九万里，去以六月息者也。”野马也，尘埃也，生物之以息相吹也。天之苍苍，其正色邪？其远而无所至极邪？其视下也，亦若是则已矣。且夫水之积也不厚，则其负大舟也无力。覆杯水于坳堂之上，则芥为之舟，置杯焉则胶，水浅而舟大也。风之积也不厚，则其负大翼也无力。故九万里，则风斯在下矣，而后乃今培风；背负青天，而莫之夭阏者，而后乃今将图南。蜩与学鸠笑之曰：“我决起而飞，抢榆枋而止，时则不至，而控于地而已矣，奚以之九万里而南为？”适莽苍者，三餐而反，腹犹果然；适百里者，宿舂粮；适千里者，三月聚粮。之二虫又何知！

小知不及大知，小年不及大年。奚以知其然也？朝菌不知晦朔，蟪蛄不知春秋，此小年也。楚之南有冥灵者，以五百岁为春，五百岁为秋；上古有大椿者，以八千岁为春，八千岁为秋，此大年也。而彭祖乃今以久特闻，众人匹之，不亦悲乎！汤之问棘也是已。穷发之北，有冥海者，天池也。有鱼焉，其广数千里，未有知其修者，其名为鲲。有鸟焉，其名为鹏，背若泰山，翼若垂天之云，抟扶摇羊角而上者九万里，绝云气，负青天，然后图南，且适南冥也。斥鴳笑之曰："彼且奚适也？我腾跃而上，不过数仞而下，翱翔蓬蒿之间，此亦飞之至也。而彼且奚适也？"此小大之辩也。

故夫知效一官，行比一乡，德合一君，而征一国者，其自视也，亦若此矣。而宋荣子犹然笑之。且举世誉之而不加劝，举世非之而不加沮，定乎内外之分，辩乎荣辱之境，斯已矣。彼其于世，未数数然也。虽然，犹有未树也。夫列子御风而行，泠然善也，旬有五日而后反。彼于致福者，未数数然也。此虽免乎行，犹有所待者也。若夫乘天地之正，而御六气之辩，以游无穷者，彼且恶乎待哉？故曰：至人无己，神人无功，圣人无名。

——节选自《庄子·逍遥游》（中华书局1954年版）

## 译文

北海里有一条鱼，它的名字叫鲲。鲲非常巨大，不知道有几千里，变化成为鸟，它的名字叫做鹏。鹏的脊背，不知道有几千里长；当它振动翅膀奋起直飞的时候，翅膀像悬挂在天空的云。这只鸟在海动的时候就要迁徙到南方的大海去了。南方的大海是一个天然的大池子。《齐谐》是记载怪异之事的书。《齐谐》里说："鹏往南方的大海迁徙的时候，翅膀拍打水面，能激起三千里的浪涛，乘着旋风环旋飞上几万里的高空，凭借着六月的大风才能离开。"像野马一样奔腾的雾气，飘飘扬扬的尘埃，都是生物用气息相吹拂的结果。天色深蓝，是它真正的颜色吗？它的辽阔高远也是没有尽头的吗？鹏在天空往下看，也不过这样罢了。如果水聚集得不深，那么它就没有负载一艘大船的力量。在堂上低洼的地方倒上一杯水，就只能把芥草当作一艘船，放一个杯子在上面就会着地，这是水浅而"船"大的原故。如果聚集的风不够强大，那么它也没有力量负载巨大的翅膀。所以鹏在九万里的高空飞行，风就在它的身下，然后才开始凭借着风力；背靠青天毫无阻挡，然后才开始计划向南飞。

蝉和斑鸠讥笑鹏说：“我们快速飞起来，碰到榆树和檀树就停下来，有时或许飞不到树的高度，落在地上就是了，哪里用得着飞到九万里的高空再往南去呢？”到近郊去的人，只带当天吃的粮食，回来肚子还是饱饱的；到百里外的人，要用一整夜时间捣米准备干粮；到千里外的人，要用三个月的时间储备粮食。蝉和斑鸠这两个小东西又知道什么呢！

小智比不上大智，寿命短的比不上寿命长的。怎么知道是这样的呢？朝菌不知道有月初月末，寒蝉不知道有春天秋天，这就是寿命短。楚国的南方有一种叫做冥灵的大树，把五百年当作一个春季，五百年当作一个秋季；上古时代有一种叫做大椿的树，把八千年当作一个春季，八千年当作一个秋季，这就是长寿。但活了八百岁的彭祖如今独以长寿著名，一般人与他相比，（羡慕他），这不是很可悲吗？

商汤问棘也有这样的话。在极荒远的草木不生的北方，有一片大海，是天然的大池子。里面有条鱼，它的身子有几千里宽，没有人知道它有多长，它的名字叫做鲲。有一只鸟，它的名字叫做鹏，脊背像泰山，翅膀像悬挂在天空的云。它凭借着旋风盘旋而上升到几万里的高空，直上穿过云层，背靠青天，这样之后计划向南飞翔，将要飞到南海去。鸩雀讥笑鹏说：“它将要飞到哪里去呢？我一跳就飞起来，不过几丈高就落下来，在蓬草野蒿之中盘旋飞翔，这也是飞翔的最高限度了。而它要飞到哪里去呢？”这是大和小的分别。

所以，那些才智能胜任一官之职、善行能够联合一乡的百姓、品德能使一位君王满意、能力使全国信任的人，他们看待自己，也像上面说的那只小鸟一样。宋荣子嗤笑这种人。宋荣子这个人，世上所有的人都称赞他，他也并不因此而更加奋勉；世上所有的人都诽谤他，他也并不因此而感到沮丧。他能认清自我和外物的分际，分辨清楚荣辱的界限，至此而止。他在世间，没有拼命追求什么。即使如此，他还是有未达到的境界。列子乘风飞行，飘然自得，驾轻就熟，十五天以后返回。他对于求福的事，没有拼命追求。这样虽然免于步行，还是有所凭借的。倘若顺应天地万物的本性，驾驭六气的变化，遨游于无穷无尽的宇宙的人，他还要凭借什么呢？所以说：修养最高的人物我不分，修养达到神化不测境界的人无功利，有道德学问的人不立名。

**启示**

《逍遥游》描写的是庄子心灵的驰骋，是庄子思想的放飞。庄子在文中用瑰丽的笔墨描写了一只叫做“鹏”的鸟，这只鸟正是他自己的内心，是他那颗开阔六合、含纳古今、超越世俗、纵横时空的心。

心之大，才是人之大；心之自由，才是生命之大自由。心灵自由的强大有力，是没有任何一种形式的自由可比的。

## 二、生命自由

在现实社会的严格秩序之内，一个人的灵魂如果依然能够充分体会到自由，那么这个人的灵魂是真正具有力度，甚至是具有艺术性的。中国古代的士人就是如此。

**经典古文阅读篇目 2：**

先生不知何许人也，亦不详其姓字，宅边有五柳树，因以为号焉。闲静少言，不慕荣利。好读书，不求甚解；每有会意，便欣然忘食。性嗜酒，家贫不能常得。亲旧知其如此，或置酒而招之；造饮辄尽，期在必醉。既醉而退，曾不吝情去留。环堵萧然，不蔽风日；短褐穿结，箪瓢屡空，晏如也。常著文章自娱，颇示己志。忘怀得失，以此自终。

赞曰：黔娄之妻有言：“不戚戚于贫贱，不汲汲于富贵。”其言兹若人之俦乎？衔觞赋诗，以乐其志。无怀氏之民欤？葛天氏之民欤？

——选自《陶渊明集》（人民文学出版社 1983 年版）

**译文**

不知道五柳先生是什么地方的人，也不详细地知道他的姓名字号，因为他的住宅旁边有五棵柳树，就把这个作为号了。他安安静静，很少说话，不向往荣华利禄。他喜欢读书，不在一字一句的解释上过分深究；每当对书中内容有所领会的时候，就会高兴得连饭也忘了吃。他生性喜爱喝酒，但家里贫穷不能够经常喝到。亲戚朋友知道他这种境况，有时准备好酒来招待他。他去喝酒就喝个尽兴，希望一定喝醉。喝醉了就回家，竟没有舍不得离开。简陋的居室里空空荡荡，遮挡不住严寒和烈日，粗布短衣上打满了补丁，盛饭的篮子和饮水的水瓢里经常是空的，他还是安然自若。他常常写文章来自娱自乐，也稍微透露出自己的志趣。他从不把得失放在心上，就这样过完自己的一生。

赞语说：黔娄的妻子说过："不为贫贱而忧愁，不热衷于发财做官。"这话大概说的是五柳先生这一类的人吧？一边喝酒一边作诗，为自己抱定的志向而感到快乐。他也许是无怀氏时代的人吧？他也许是葛天氏时代的人吧？

**启示**

对于懂得自由的人来说，不能解甲归田，那就耕耘心田，培育精神家园的心花怒放；不能吟游四方，那就心怀天下，培养人生大观的游目骋怀。在他们可能四处碰壁的生活中，自由可以无所不在。

国学中的自由，是儒家责任里的闲情，是道家朴素中的安然，是法家理性下的游弋，是士人受到重压时的释放。自由，从来不在远方的乌托邦，而就在当下的轻安自在；自由，从来不依靠他人给予，而全在于自我获得。

## 第二节
## 社会主义核心价值观·平等

社会主义核心价值观，在社会层面的第二个价值目标，是"平等"。

### 一、社会平等

我们今天强调要构建一个平等的社会，而这样的追求，从两千多年前的中国就开始了。中国的儒家，目睹了道义失衡的礼崩乐坏，于是提出“天下大同”的设想，期望人们能生活在一个大道为公、不生是非的大同社会。中国的道家，感受着欲望无度的邦国纷争，于是提出“小国寡民”的想法，盼望人们能生活在一个朴素安宁、不受干扰的清静社会。中国的法家，忧虑着权贵横行的法外特权，于是提出“刑无等级”的制度，呼吁人们能生活在一个刑罚统一、法度严明的秩序社会。中国的墨家，不满于弱肉强食的争霸交战，于是提出“兼爱非攻”的主张，渴望人们能生活在一个爱无等差、战无不义的和平社会。

在中国文化里，各家的思想者以不同的表达，传达着对于实现社会平等的同样期待。虽然从个体的客观条件上来讲，人注定是生而不平等的，但他们希望社会能给予百姓相对平等的生存空间，可以让所有人都安居乐业，让所有人都不受欺凌。

**经典古文阅读篇目 1：**

大凡物不得其平则鸣。草木之无声，风挠之鸣；水之无声，风荡之鸣。其跃也或激之，其趋也或梗之，其沸也或炙之。金石之无声，或击之鸣。人之于言也亦然。有不得已者而后言，其歌也有思，其哭也有怀。凡出乎口而为声者，其皆有弗平者乎！

乐也者，郁于中而泄于外者也，择其善鸣者而假之鸣。金、石、丝、竹、匏、土、革、木八者，物之善鸣者也。维天之于时也亦然，择其善鸣者而假之鸣。是故以鸟鸣春，以雷鸣夏，以虫鸣秋，以风鸣冬，四时之相推夺，其必有不得其平者乎！

其于人也亦然。人声之精者为言，文辞之于言，又其精也，尤择其善鸣者而假之鸣。其在唐、虞，咎陶、禹，其善鸣者也，而假以鸣。夔弗能以文辞鸣，又自假于《韶》以鸣。夏之时，五子以其歌鸣。伊尹鸣殷，周公鸣周。凡载于《诗》《书》六艺，皆鸣之善者也。周之衰，孔子之徒鸣之，其声大而远。传曰：天将以夫子为木铎。其弗信矣乎？其末也，庄周以其荒唐之辞鸣。楚，大国也，其亡也，以屈原鸣。臧孙辰、孟轲、荀卿，以道鸣者也。杨朱、墨翟、管夷吾、晏婴、老聃、申不害、韩非、慎到、田骈、邹衍、尸佼、孙武、张仪、苏秦之属，皆以其术鸣。秦之兴，李斯鸣之。汉之时，司马迁、相如、扬雄，最其善鸣者也。其下魏、晋氏，鸣者不及于古，然亦未尝绝也。就其善者，其声清以浮，其节数以急，其辞淫以哀，其志弛以肆，其为言也，乱杂而无章。将天丑其德莫之顾邪？何为乎不鸣其善鸣者也？

唐之有天下，陈子昂、苏源明、元结、李白、杜甫、李观，皆以其所能鸣。其存而在下者，孟郊东野始以其诗鸣。其高出魏、晋，不懈而及于古，其他浸淫乎汉氏矣。从吾游者，李翱、张籍其尤也。三子者之鸣信善矣。抑不知天将和其声而使鸣国家之盛邪？抑将穷饿其身、思愁其心肠而使自鸣其不幸邪？三子者之命，则悬乎天矣。其在上也，奚以喜？其在下也，奚以悲？东野之役于江南也，有若不释然者，故吾道其于天者以解之。

——选自《中华经典藏书：古文观止》（中华书局 2009 年版）

## 译文

一般说来各种事物处在不平静的时候就会发出声音。草木本来没有声音，风摇动它就发出声响；水本来没有声音，风震荡它就发出声响。水浪腾涌，或是有东西在阻遏水势；水流湍急，或是有东西阻塞了水道；水花沸腾，或是有火在烧煮它。金属石器本来没有声音，有人敲击它就发出声响。人的语言也同样如此，往往到了不得不说的时候才发言。人们唱歌是为了寄托情思，人们哭泣是因为有所怀恋，凡是从口中发出而成为声音的，大概都有其不能平静的原因吧！

音乐，是人们心中郁闷而抒发出来的心声，人们选择最适合发音的东西来奏乐。钟镈、磬、琴瑟、箫管、笙、埙、鼓、柷梧这八类，是器物中善于发声的。上天对于一年四季也是这样，选择最善于发声的事物借它来发声。因此，春天让百鸟啁啾，夏天让雷轰鸣，秋天让虫鸣叫，冬天让寒风呼啸。一年四季互相推移变化，也一定有其不能平静的原因吧！

对于人来说也是这样。人类声音的精华是语言，文辞对于语言来说，又是语言中的精华，尤其要选择善于表达的人，依靠他们来表达意见。在唐尧、虞舜时，咎陶、禹是最善于表达的，因而借助他俩来表达。夔不能用文辞来表达，他就借演奏《韶》乐来表达。夏朝的时候，太康的五个弟弟用他们的歌声来表达。伊尹为殷朝表达，周公为周朝表达。凡是记载在《诗经》《尚书》等儒家六种经典上的诗文，都是表达得很高明的。周朝衰落时，孔子这类人表达看法，他们的声音洪大而传播遥远。《论语》上说："上天将使孔子成为宣扬教化的人。"这难道不是真的吗？周朝末年，庄周用他那广大无边的文辞来表达。楚国是大国，它灭亡时候的情景靠着屈原的创作来表达。臧孙辰、孟轲、荀卿等人用他们的学说来表达。杨朱、墨翟、管夷吾、晏婴、老聃、申不害、韩非、慎到、田骈、邹衍、尸佼、孙武、张仪、苏秦这些人，都通过各自的政策主张来表达。秦朝的兴起，李斯是表达者。汉朝的时候，司马迁、司马相如、扬雄，是其中最善于表达的人。此后的魏朝、晋朝，能表达的人比不上古代，可是也并未绝迹。就其中的优秀者来说，他们作品的声音清丽而浮夸，节奏短促而急迫，辞藻艳丽而伤感，志趣颓废而放荡；他们的文辞，杂乱而没有章法。这大概是上天厌弃这个时代的丑德败行而不愿照顾他们吧？为什么不让那些善于表达的人出来表达呢？

唐朝建立以后，陈子昂、苏源明、元结、李白、杜甫、李观，都凭他们的出众才华来表达心声。其后还活着的人当中，孟郊开始用他的诗歌来表达感情。这些作品超过了魏朝、晋朝，有些经过不懈的努力已达到了上古诗作的水平，其他作品接近汉朝的水准。同我交往的人中间，李翱、张籍是最引人注目的。他们三位的文辞表达确实很好。但不知道上天将会使他们的声音和谐而歌唱国家的强盛呢，还是将让他们的身子贫穷饥饿、让他们的思虑哀愁而吟唱各自的不幸遭遇呢？他们三位的命运，就掌握在上天的手里了。那么他们身居高位有什么可欢喜的？身沉下僚有什么可悲的？东野将到江南地区去就任县尉，心里好像有想不开的地方，所以我讲这番命由天定的话来宽解他。

**启示**

正因为人们生而不平等，所以才格外要求社会的平等，来弥合先天的差异，均衡各方的不对等。社会平等才能带来心态平和、生活平静。所以，如果要平息人言鼎沸，使人们心平气和，就要实现社会环境的大平等。

## 二、人格平等

社会平等，这是对每个人生存权利、生活状态的保障，是一种制度上的追求。而具体到个体精神以及个人在社会活动中，强调的更是一种人格上、尊严上的平等。

**经典古文阅读篇目 2：**

伯牙善鼓琴，钟子期善听。伯牙鼓琴，志在高山，钟子期曰："善哉，峨峨兮若泰山！"志在流水，钟子期曰："善哉，洋洋兮若江河！"伯牙所念，钟子期必得之。

伯牙游于泰山之阴，卒逢暴雨，止于岩下，心悲，乃援琴而鼓之。初为霖雨之操，更造崩山之音。曲每奏，钟子期辄穷其趣。伯牙乃舍琴而叹曰："善哉，善哉，子之听夫！志想象犹吾心也。吾于何逃声哉？"

——选自《中华优秀传统文化读本》（云南大学出版社 2020 年版）

**译文**

伯牙擅长弹琴，钟子期擅长倾听琴声。伯牙弹琴的时候，心里想到巍峨的泰山，钟子期说："太好了！就像巍峨的泰山屹立在我的面前！"伯牙弹琴时，心里想到宽广的江河，钟子期说："好啊，宛如一望无际的江河在我面前流动！"无论伯牙弹琴的时候心里想到什么，钟子期一定能够道出他的心声。

伯牙在泰山北面游览，突然遇到暴雨，停留在岩石下，心中悲哀，于是拿起琴弹了起来。起初他弹了表现连绵大雨的曲子，接着奏出了表现高山崩坍的壮烈之音。每弹一曲，钟子期都能领会它的旨趣。于是伯牙放下琴叹道："你听琴的本领真是太高了，太高了！你心中想的简直和我想的一样，我哪里逃得掉你对声音的识别能力呢？"

**启示**

故事中两个萍水相逢而意气相投的人，以七弦为桥梁，以音乐为寄托，以青山为风骨，以绿水为凭证，彰显出一份不关乎社会地位、只关乎心灵地位的平等相交。

在触及心性的人际交往中，社会身份常常比不过文化身份的重要。

**经典古文阅读篇目例3：**

齐大饥，黔敖为食于路，以待饿者而食之。有饿者蒙袂辑屦，贸贸然来。黔敖左奉食，右执饮，曰："嗟！来食！"扬其目而视之，曰："予唯不食嗟来之食，以至于斯也！"从而谢焉。终不食而死。曾子闻之，曰："微与！其嗟也可去，其谢也可食。"

——选自《四书五经》（云南人民出版社2011年版）

**译文**

齐国出现严重的饥荒，黔敖在路边准备好饭，来等待路过的饥饿的人吃。有个饥饿的人用衣袖蒙着脸，脚步拖拉，两眼昏昏无神地走来。黔敖左手端着饭，右手端着汤，说道："喂！来吃吧！"那个饥民抬起眼睛看着他，说："我正因为不吃别人施舍的食物，才落到这步田地的。"黔敖追上去向他道歉，他还是不吃，最终饿死了。曾子听说了这件事，说："恐怕不用这样吧！黔敖无礼呼唤时可以离开，但他道歉后可以去吃。"

**启示**

这就是"嗟来之食"这个词的由来，它表示带有侮辱性的施舍。而在中国文化中，也逐渐强化着"廉者不受嗟来之食"的傲骨。

傲骨常存于内，内在铁骨铮铮；傲气不形于外，外不盛气凌人。这种人格的培养和修养的强调，正是为了能够超越社会条件限制，实现彼此人格上的平等。

# 第三节
# 社会主义核心价值观·公正

社会主义核心价值观，在社会层面的第三个价值目标，是“公正”。

公正，就是公平与正义。公正，既要从制度和法律层面去树立，构建社会的准则；也要从历史和文化方面去梳理，实现人心的教化。

## 一、社会公正

社会层面的公正，在国学里很早就开始论述了，历朝历代的思想者都致力于打造一个公正的社会环境。子曰：“其身正，不令而行；其身不正，虽令不从。”（《论语》）这句话是说，如果管理者自身端正，即使不发布命令，老百姓也会行动起来；如果管理者自身不端正，即使发布命令，老百姓也不会服从。

**经典古文阅读篇目1：**

太宗初即位，中书令房玄龄奏言：“秦府旧左右未得官者，并怨前宫及齐府左右处分之先己。”太宗曰：“古称至公者，盖谓平恕无私。丹朱、商均，子也，而尧、舜废之。管叔、蔡叔，兄弟也，而周公诛之。故知君人者，以天下为公，无私于物。昔诸葛孔明，小国之相，犹曰‘吾心如称，不能为人作轻重’，况我今理大国乎？朕与公等衣食出于百姓，此则人力已奉于上，而上恩未被于下，今所以择贤才者，盖为求安百姓也。用人但问堪否，岂以新故异情？凡一面尚且相亲，况旧人而顿忘也！才若不堪，亦岂以旧人而先用？今不论其能不能，而直言其嗟怨，岂是至公之道耶？”

贞观二年，太宗谓房玄龄等曰：“朕比见隋代遗老，咸称高颎善为相者，遂观其本传，可谓公平正直，尤识治体，隋室安危，系其存没。炀帝无道，枉见诛夷，何尝不想见此人，废书钦叹！又汉、魏已来，诸葛亮为丞相，亦甚平直，尝表废廖立、李严于南中，立闻亮卒，泣曰：‘吾其左衽矣！’严闻亮卒，发病而死。故陈寿称：‘亮之为政，开诚心，布公道，尽忠益时者，虽仇必赏；犯法怠慢者，虽亲必罚。’卿等岂可不企慕及之？朕今每慕前代帝王之善者，卿等亦可慕宰相之贤者，若如是，则荣名高位，可以长守。”玄龄对曰：“臣闻理国要道，在于公平正直，故《尚书》云：‘无偏无党，王道荡荡。无党无偏，王道平平。’又孔子称‘举直错诸枉，则民服’。今圣虑所尚，诚足以极政教之源，尽至公之要，囊括区宇，化成天下。”太宗曰：“此直朕之所怀，岂有与卿等言之而不行也？”

贞观初，太宗谓侍臣曰：“朕今孜孜求士，欲专心政道，闻有好人，则抽擢驱使。而议者多称‘彼者皆宰臣亲故’，但公等至公行事，勿避此言，便为形迹。古人‘内举不避亲，外举不避仇’，而为举得其真贤故也。但能举用得才，虽是子弟及有仇嫌，不得不举。”

——选自《群书治要续编全注全译》（团结出版社 2021 年版）

## 译文

唐太宗刚即位时，中书令房玄龄上奏说：“秦王府中没有封官的老部下，他们都在埋怨陛下，说前太子府和齐王府的部下都先于自己被陛下安排了官职。”太宗说：“古时候所谓的大公无私的人，是指宽容公正而无私心的人。丹朱、商均是尧、舜的儿子，而尧、舜却因他们的不肖而废黜了他们，管叔、蔡叔是周公的兄弟，而周公却因他们参与叛乱杀掉了他们。由此可知，作为治理百姓的君主，要心怀天下，一心为公，不能存有偏私的心。从前诸葛孔明，只是小小蜀国的丞相，他还说‘我的心就像秤那样公平，不会因为不同的人而轻重不同’。更何况我如今要治理这么大一个国家呢？我和你们的衣食都来源于百姓，这就是说，百姓已经把人力奉献给了朝廷，而我们却没有让恩泽遍及民间，如今朝廷之所以要选择贤才，就是要让百姓安心。用人只问是否有能力胜任，怎能因亲疏、新旧关系而区别对待呢？凡是见过一面的人尚且感到亲近，何况是旧部，绝不会一下子就忘掉啊！如果才能不堪胜任，又怎能因为是旧部就优先任用？如今你们不谈论他们能不能胜任，却直言不讳地说他们满嘴怨言，这难道是最为公正的原则吗？”

贞观二年，唐太宗对房玄龄等人说：“我近来见到隋代的旧臣遗老，他们都称赞高颎是做宰相的人才，于是我就去翻阅他的本传。此人可以说是公平正直，在治国方面尤其突出。隋室的安危，跟他的生死关系密切。可惜遇到隋炀帝这样的无道昏君，被冤枉诛杀了。我何尝不想见这样的人啊，不由自主就会放下书为他嗟叹。再者，汉、魏以来，诸葛亮做丞相，也非常公平正直，他曾经上表把廖立、李严罢官放逐到南中，后来廖立听到诸葛亮逝世，哭着说：‘我们大概要亡国了！’李严听到诸葛亮逝世，也生病死了。所以陈寿称赞说：‘诸葛亮执政，尽忠职守，公平公正，在当时做了不少有益于国家的事，即便是仇人，该赏的也必须奖赏；对违犯法纪玩忽职守的人，即便是最亲近的人也必须惩罚。’你们难道不仰慕他并想达到他的高度吗？我如今常仰慕前代那些贤德的帝王，你们也可以仰慕那些贤德的宰相，如果能这样做，那么美好的名声和高贵的地位就可以长久保持了。”房玄龄回答道：“臣听说治理国家的关键，在于公平正直，所以《尚书》说：‘不结党营私，治国之路就会平坦宽广；不结党营私，治国之道就会推行得井然有序。’此外，孔子还说：‘推荐任用正直的人而舍弃邪恶的人，百姓就心悦诚服。’如今圣上推崇的治国原则，确实体现了政教的根本，极尽至公的要义，可以囊括宇内，教化天下。”太宗说：“这正是我一直以来的想法，但我怎能只对你们说说而不去实行呢？”

贞观初年，唐太宗对侍臣说：“我现在孜孜不倦地寻找贤才，想要把心思都用在治理国家上，一听说哪里有贤能的人才，就派使者前去打探。但还是有人议论，说‘那些被我任用的官员都是朝廷重臣的亲戚、朋友’。但是你们做事不要因此而有所忌讳和回避，古人说，‘内举不避亲，外举不避仇’，就是为了推举真正的贤才之故。只要能举荐贤才，即使是自己的子弟或仇人，也不可不推举。”

**启示**

唐太宗从历史经验出发，深刻认识到治理国家必须坚持公正无私。只有公平，才能伸张正义；只有弘扬正气，国家长治久安的道路才能平坦而通畅。坚持公平正义往往会和私人感情相冲突，也会同私人利益乃至小集团的利益相冲突，更有切肤之痛。然而，不舍私利就没有公道，也就没有社会安定、国家稳固。

## 二、人心公正

当制度公正未能实现的时候，人们在生活中该祈求何方的公正呢？这个时候，中国社会里的舆情就发挥了很大的作用，舆论和人心的公正，补充了制度公正的缺漏。

**经典古文阅读篇目2：**

心无他图，正心在中，万物得度。道满天下，普在民所，民不能知也。一言之解，上察于天，下极于地，蟠满九州。何谓解之？在于心安。我心治，官乃治；我心安，官乃安。治之者心也，安之者心也。

——选自《管子（下）全本全注全译》（团结出版社2023年版）

**译文**

心别无所图，只有一个平正的心在里面，衡量万物才能把握好尺度。道布满天下，普遍地存在于人们身边，人们却不能认识。只需要了解一个字，就能够上达于天，下至于地，而且布满九州。怎样才能了解呢？就在于心能平稳安定。我的心平稳安定，五官就平稳安定；我的心安稳安静，五官就安稳安静。平稳安定要由心而发，安稳安静也要由心而发。

**经典古文阅读篇目3：**

九月，上又谓宰臣曰："有功者虽有微过亦当贷之，无功者岂可贷耶？然有功者人喜谤议。凡有以功过言于朕者，朕必深求其实，虽近侍为言不敢轻信，亦未尝徇一己之爱憎也。"汝砺因对曰："公生明，偏生暗。凡人多徇爱憎，不合公议。陛下圣明，故能如是耳。"

——选自《二十四史全译金史》（汉语大词典出版社2004年版）

**译文**

九月，皇帝又告诉宰相说："有功劳的人即使有微小的过错，也应当宽恕他，没有功劳的人难道也可以宽恕吗？但是有功劳的人，众人喜欢诽谤议论他。凡是有向我说起功劳过失的人，我一定要深入探究他的实情，即使是近侍之臣向我进言，也不敢轻信，也不曾偏向自己一人的喜爱憎恶。”高汝砺于是进对说：“公正导致明察，偏听导致愚暗。凡人大多曲从自己的爱憎，不合于公众的议论。陛下神圣英明，所以能够像这样做。”

**启示**

《傅子·通志》：“有公心必有公道，有公道必有公制。”坚持人心的公正，必能等来制度的公正，这就是中国文化的信条。

## 第四节
## 社会主义核心价值观·法治

社会主义核心价值观，在社会层面的第四个价值目标，是“法治”。

当我们谈起法治的时候，常常会将它与法制混淆。法制，是一种法律化的制度；而法治，是一种依法治国的观念。法制，是社会秩序的管控法则；而法治，是全体公民的内心准则。法制，是靠法令的硬性规定来实行他律；而法治，是靠人的思想意识来实现自律。法制，是治国的手段；而法治，是治国的目标。

法制社会的他律方法，是确保人依法行事的必要手段，而法治观念和自律精神的真正建立，才使人从受制度支配走向了自觉依照观念行事。

### 一、依法治国

中国人很早就有了“法”的意识，并认识到依法治国的必要性。《管子》：“法者，天下之程式也，万事之仪表也。”意思是：法律是治理国家的标尺，是社会的客观准则，是衡量人们言行是非、功过、曲直的客观标准和必须遵守的行为规范。《韩非子》：“家有常业，虽饥不饿；国有常法，虽危不亡。”意思是：家中有固定的产业，即使遭遇荒年也不会挨饿；国家有固定的法律，即使遇到危难也不致灭亡。这就是古人对法治的重要认识。

**经典古文阅读篇目 1：**

孙子武者，齐人也。以兵法见于吴王阖庐。阖庐曰：“子之十三篇，吾尽观之矣，可以小试勒兵乎？”对曰：“可。”阖庐曰：“可试以妇人乎？”曰：“可。”于是许之。出宫中美女，得百八十人；孙子分为二队，以王之宠姬二人，各为队长，皆令持戟。令之曰：“汝知而心与左右手背乎？”妇人曰：“知之。”孙子曰：“前则视心；左，视左手；右，视右手；后即视背。”妇人曰：“诺。”约束既布，乃设铁、钺，即三令五申之。于是鼓之右，妇人大笑。孙子曰：“约束不明，申令不熟，将之罪也。”复三令五申而鼓之左，妇人复大笑。孙子曰：“约束不明，申令不熟，将之罪也，既已明而不如法者，吏士之罪也。”乃欲斩左右队长。吴王从台上观，见且斩爱姬，大骇。趣使使下令曰：“寡人已知将军能用兵矣。寡人非此二姬，食不甘味，愿勿斩也！”孙子曰：“臣既已受命为将，将在军，君命有所不受。”遂斩队长二人以徇，用其次为队长。于是复鼓之，妇人左、右、前、后、跪、起，皆中规、矩、绳、墨，无敢出声。于是孙子使使报王曰：“兵既整齐，王可试下观之。唯王所欲用之，虽赴水、火犹可也。”吴王曰：“将军罢休就舍，寡人不愿下观。”孙子曰：“王徒好其言，不能用其实。”于是阖庐知孙子能用兵，卒以为将。西破强楚，入郢，北威齐、晋，显名诸侯，孙子与有力焉。

——节选自《史记·孙子吴起列传》（商务印书馆 2018 年版）

**译文**

孙子名武，是齐国人。因为精通兵法得到吴王阖庐的接见。阖庐说：“您的十三篇兵书，我都看过了，可以用来小规模地试着整训军队吗？”孙子回答说：“可以。”阖庐说：“可以用妇女来试验吗？”孙子回答说：“可以。”于是阖庐答应他试验。阖庐叫出宫中的美女，获得一百八十人；孙子把她们分为两队，让吴王阖庐最宠爱的两位侍妾分别担任各队队长，让所有的美女都拿一支戟。号令她们说：“你们知道自己的心、左右手和背吗？”妇人们回答说：“知道。”孙子说：“我说前，你们就看心口所对的方向；我说左，你们就看左手所对的方向；我说右，你们就看右手所对的方向；我说后，你们就看背所对的方向。”妇人们答道：“是。”号令宣布完毕，于是摆好斧钺等刑具，旋即又把已经宣布的号令多次重复地交待清楚。于是击鼓发令叫她们向右，妇人们都哈哈大笑。孙子说：“纪律不清楚，号令不熟悉，这是将领的过错。”又多次重复地交待清楚，然后击鼓发令让她们向左，妇人们又都哈哈大笑。孙子说：“纪律不清楚，号令不熟悉，这是将领的过错，现在既然讲得清清楚楚，却不遵照号令行事，那就是军官和士兵的过错了。”于是想要杀左、右两队的队长。吴王正在台上观看，见孙子将要杀自己的爱妾，大吃一惊。他急忙派使臣传达命令说：“我已经知道将军善用兵了。我要是没了这两个侍妾，吃起东西来也不香甜，希望你不要杀她们吧！”孙子回答说：“我已经接受命令为将，将在军队里，国君的命令有时可以不接受。”于是杀了两个队长用来示众，按顺序任用两队第二人为队长。紧接着再击鼓发令，妇人们不论是向左、向右、向前、向后、跪倒、站起，都符合军令的要求，没有人敢出声。于是孙子派使臣向吴王报告说：“队伍已经操练整齐，大王可以下台来验察她们的演习。任凭大王怎样使用她们，即使叫她们赴汤蹈火也办得到啊。”吴王回答说：“让将军停止演练，回客舍休息，我不想下去察看了。”孙子说：“大王只是欣赏我的军事理论，却不能让我付诸实践。”从此，吴王阖庐知道孙子善于用兵，终于任命他做了将军。后来吴国向西打败了强大的楚国，攻克郢都，向北威震齐国、晋国，在诸侯各国名声赫赫。这其间，孙子不仅参与，而且出了很大的力啊。

**启示**

孙子以儆效尤，让法治的观念深入到宫中妇人们的思维中，使法治真正上升为自觉指导行为举止的思想意识。如果这种思想意识能够推广成为全民意识，这样的治兵之道能够成为社会治理的方法，法治社会便指日可待。

## 二、人性善恶

古代的法，更偏重于惩罚，面对犯罪行为，只能“惩于已然之后”，即使法令再严苛、刑罚再恐怖，也是威吓于人的不得已而为之；而今天的法，更应偏重于教导，指导人性善恶转化，保护人心不堕深渊，警惕恶之花违法生发。

**经典古文阅读篇目 2：**

告子曰："性犹湍水也，决诸东方则东流，决诸西方则西流。人性之无分于善不善也，犹水之无分于东西也。"

孟子曰："水信无分于东西。无分于上下乎？人性之善也，犹水之就下也。人无有不善，水无有不下。今夫水，搏而跃之，可使过颡；激而行之，可使在山。是岂水之性哉？其势则然也。人之可使为不善，其性亦犹是也。"

公都子曰："告子曰：'性无善无不善也。'或曰：'性可以为善，可以为不善；是故文、武兴，则民好善；幽、厉兴，则民好暴。'或曰：'有性善，有性不善。是故以尧为君而有象，以瞽瞍为父而有舜，以纣为兄之子且以为君，而有微子启、王子比干。'今曰'性善'，然则彼皆非与？"

孟子曰："乃若其情，则可以为善矣，乃所谓善也。若夫为不善，非才之罪也。恻隐之心，人皆有之；羞恶之心，人皆有之；恭敬之心，人皆有之；是非之心，人皆有之。恻隐之心，仁也；羞恶之心，义也；恭敬之心，礼也；是非之心，智也。仁义礼智，非由外铄我也，我固有之也，弗思耳矣。故曰：'求则得之，舍则失之。'或相倍蓰而无算者，不能尽其才者也。《诗》曰：'天生蒸民，有物有则。民之秉彝，好是懿德。'孔子曰：'为此诗者，其知道乎！故有物必有则；民之秉彝也，故好是懿德。'"

——选自《英汉对照国学经典选读》（上海三联书店 2023 年版）

**译文**

告子说："人性就好像水势急速的水流，在东边冲开缺口就向东流，在西边冲开缺口就向西流。人性没有善与不善的分别，就像水流没有向东向西的分别。"

孟子说："水流确实没有向东流和向西流的分别，但是没有向上流和向下流的分别吗？人的本性是善良的，就像是向下流淌一样。人的本性没有不善良的，水没有不向下流淌的。现在拍打水使它飞溅起来，可以使它高过额头；堵塞水道使它倒行，可以使它流上山岗。这难道是水的本性吗？是形势迫使它这样的。可以迫使人做坏事，但人的本性还是这样。"

公都子说：“告子说：‘人性无所谓善良不善良。’有人说：‘人的本性可以是善良的，可以是不善良的。所以，周文王、周武王主政，百姓就喜好善；周幽王、周厉王在位，百姓就喜好暴行。’还有人说：‘有的人本性善良，有的人本性不善良。所以，当尧为君主时，却有象这样的坏人；有瞽瞍这样坏的父亲，却有舜这样好的儿子；有商纣这样的兄长的儿子并且做了君主，却有微子启、王子比干这样善良的叔父和贤臣。’如今说‘人性本善’，那么他们说的都不对吗？”

孟子说：“至于人本来的性情，是可以为善的，这就是我所说的人性本善。至于有的人行为不善，不是能归罪于人的本质。同情之心，人人都有；羞耻之心，人人都有；恭敬之心，人人都有；是非曲直之心，人人都有。同情之心是仁；羞耻之心是义；恭敬之心是礼；是非曲直之心是智。仁义礼智这些善良的心性不是外在因素授予我，是我本来就有的，只是未曾思考罢了。所以说：‘探求就会获得，放弃就会失去。’有的人相差一倍、五倍乃至无数倍，就是由于没有发挥善良的本性。《诗经》上说：‘上天繁衍了众多的百姓，万事万物都有常理常规。百姓秉持常理常规，崇尚这些善良美好的道德品性。’孔子说：‘作这首诗的人真懂得道啊！所以万事万物一定都有常理常规。百姓秉持这些常理常规，所以崇尚这些善良美好的道德品性。’”

**经典古文阅读篇目 3：**

人之性恶，其善者伪也。今人之性，生而有好利焉，顺是，故争夺生而辞让亡焉；生而有疾恶焉，顺是，故残贼生而忠信亡焉；生而有耳目之欲，有好声色焉，顺是，故淫乱生而礼义文理亡焉。然则从人之性，顺人之情，必出于争夺，合于犯分乱理而归于暴。故必将有师法之化，礼义之道，然后出于辞让，合于文理，而归于治。用此观之，人之性恶明矣，其善者伪也。

故枸木必将待檃栝、烝、矫然后直；钝金必将待砻、厉然后利。今人之性恶，必将待师法然后正，得礼义然后治。今人无师法则偏险而不正，无礼义则悖乱而不治。古者圣王以人性恶，以为偏险而不正，悖乱而不治，是以为之起礼义，制法度，以矫饰人之情性而正之，以扰化人之情性而导之也。始皆出于治、合于道者也。今之人，化师法、积文学、道礼义者为君子；纵性情、安恣睢而违礼义者为小人。用此观之，然则人之性恶明矣，其善者伪也。

孟子曰：“今人之学者，其性善。”曰：是不然。是不及知人之性，而不察乎人之性、伪之分者也。凡性者，天之就也，不可学，不可事；礼义者，圣人之所生也，人之所学而能、所事而成者也。不可学、不可事而在人者谓之性，可学而能、可事而成之在人者谓之伪。是性、伪之分也。今人之性，目可以见，耳可以听。夫可以见之明不离目，可以听之聪不离耳。目明而耳聪，不可学明矣。孟子曰：“今人之性善，将皆失丧其性故也。”曰：若是，则过矣。今人之性，生而离其朴，离其资，必失而丧之。用此观之，然则人之性恶明矣。

所谓性善者，不离其朴而美之，不离其资而利之也。使夫资朴之于美，心意之于善，若夫可以见之明不离目，可以听之聪不离耳。故曰目明而耳聪也。今人之性，饥而欲饱，寒而欲暖，劳而欲休，此人之情性也。今人饥，见长而不敢先食者，将有所让也；劳而不敢求息者，将有所代也。夫子之让乎父，弟之让乎兄，子之代乎父，弟之代乎兄，此二行者，皆反于性而悖于情也。然而孝子之道、礼义之文理也。故顺情性则不辞让矣，辞让则悖于情性矣。用此观之，人之性恶明矣，其善者伪也。

——节选自《荀子译注》（上海三联书店 2018 年版）

## 译文

人的本性是恶的，善只是一种勉励矫正的人为的东西。人的本性，生来就喜好利益，顺着这种本性，所以争抢掠夺就会出现而推辞谦让就会消失；生来就会嫉妒憎恶，顺着这种本性，所以伤害好人的贼人就会产生而忠信之人就会消亡；生来就有耳朵、眼睛的贪欲，有喜欢音乐、美色的本能，顺着这种本性，所以淫荡混乱就会产生而礼义法度就会消亡。既然这样，那么放纵人的本性，依顺人的情欲，就一定会出现争抢掠夺，发生违反等级名分、扰乱礼义法度的事而导致社会暴乱。所以，一定要有师长和法度的教化、礼义的引导，然后才能出现推辞谦让，符合礼仪秩序，达到社会安定。从这点上看，人性恶是很明明白白的了，人性之善只是后天人为的东西。

所以，弯曲的木头必须在用檃栝矫正和加热之后才可以变直；钝的金属器具必须在磨砺后才能变得锋利。现在人的本性是恶的，就一定要依靠师法的教育才可以变得端正，得到礼义的教化才能治理。人没有师法的教化，就会偏邪而不端正；没有礼义教化，悖乱而无治。古代的圣王认为人性恶劣，认为人性会偏邪而不端正，悖乱而无治，因此为人们制定了礼仪制度，以矫正文饰人的性情，使之得到端正，以驯服教化人的天性，使之得到引导。一开始都是为了治理国家，使之符合道义。现在的人，受到了师法的教化，积累了文化知识，行为出于道的，就是君子；放纵本性，任意胡作非为，违背礼义的，就是小人。由此看来，人性恶是很明明白白的了，人性之善只是后天人为的东西。

孟子说："人之所以学习，是因为人本性是善的。"回答说：这种说法是不对的！这是没有真正认识人的本性，而且是不了解本性与人为之间区别的一种说法。所谓本性，就是天生的东西，不可以通过学习而得到，不可以通过努力从事而做成；而礼义，是圣人制定的，可以通过学习而得到，可以通过努力从事而做成。不可以学习，不可以经过努力而做成，出于天生的，叫做本性；可以学习，可以通过人为努力而做到，取决于人自己的，叫做人为。这就是本性与人为的区别。人的本性，眼睛可以看，耳朵可以听。可以看东西的视力离不开眼睛，可以听东西的听力离不开耳朵。眼睛的视力、耳朵的听力不可能通过学习得到是很清楚的。孟子说："现在人的本性是善良的，之所以变恶，是因为丧失了其本性。"回答说：这样说就错了。如果人的本性生下来就脱离了它的自然素质，那就一定要丧失本性。由此看来，那么人的本性是恶的就很清楚了。

因为所谓性善，应该是不脱离它的本真而美，不脱离它的自然属性而好。资朴和美的关系，心意和善的关系，就像视力离不开眼睛，听力离不开耳朵一样，所以说眼睛明亮而耳朵灵敏。人的本性，饿了想吃饱，冷了想穿衣，累了想休息，这是人的常情和天性。现在有一个人饿了，看见长者不敢先吃，这是因为要有所礼让；累了却不敢要求休息，这是因为要代替长辈劳动。儿子对父亲谦让，弟弟对哥哥谦让，儿子代替父亲劳作，弟弟代替哥哥劳作，这两种行为，都与人性相反与常情相悖。但是这是孝子遵循的原则，是礼义的制度。所以顺着常情和天性就会没有谦让，谦让与天性是相悖的。

如此看来，人性恶是很明明白白的了，人性之善只是后天人为的东西。

**启示**

人性具有两面性。因此，既要进行德治，也要运用法治；既需要法治观念的教化和引导，也需要法制规则的约束和保障。

## 单元学习活动

◎请围绕“自由、平等、公正、法治”，从经典古文中摘取一些启示性的片段，做一期电子小报。

# 第三单元

# 百家争鸣，博大精深

# ——中国古代思想文化

# 第一节
# 中国古代治国思想

在中国古代历史上，历代王朝都面临着如何治理国家这一重大问题，这不仅关系到国家的发展方向，而且关乎王朝的生存与兴衰。因此，当政者必须制定各项方针、政策，以保障国家的发展，并解决现实中面临的各种困境。而各项方针及政策的出台，又要以一条核心治国思路为原则，也就是说，立国与发展的最高追求目标及主流价值观，便是治国理念。中国古代王朝的治国理念，一般是由最高统治者和执政者在开国时期总结以往的经验教训并摸索自身的特质及定位之后逐渐确定，同时也符合统治集团的主流意识，从而长期存在于执政者的精神深处。

## 一、夏商周时期

早在夏、商、西周时期，由于早期血缘国家的形态特点，邦国在政治上实行了等级分封制的统治模式，来维护以君王为核心的各级血缘贵族的利益，并凝聚向心力，也就是孔子所说的“君君、臣巨、父父、子子”。因此，也初步形成了“溥天之下，莫非王土；率土之滨，莫非王臣”的天下统一观念，从而支撑起以天子为代表的形式上的全国统治。同时，为了应对周边异姓部族势力的威胁，王朝中央保持相对强大的军事武装，必要时则动员诸侯国的力量，力图采取积极的边防战略，适时地通过征伐的军事手段打压对手，以维护国家利益。

到春秋时期，随着周平王东迁后中央力量的迅速衰落，“礼乐征伐自天子出”的格局沦丧。在权威下移的形势下，群雄逐鹿，诸侯纷争。此时，一些逐步强大的诸侯虽然都在争夺霸主地位，并试图“挟天子以令诸侯”，但原有的统治模式大致得以延续。

战国时期，随着诸侯交战的加剧，弱国逐渐消亡，资源开始向强国集中，强国转而追求更高的目标——统一天下。为了达到这一目标，列国统治者无不图强自存，他们不仅改革政治经济制度，增加财赋收入，而且扩军备战，积极对外用兵。因此，现实政治更离不开武力的推动，战争成为助推历史车轮最强有力的手臂。《孙子兵法》中即指出："夫将者，国之辅也，辅周则国必强，辅隙则国必弱。"虽然墨家有"非攻""兼爱"的反战主张，道家有"无为而治"的理念，儒家有"仁政"的见解，但由于它们与列国交战、图存的现实需求相抵触，都难以大行其道。而法家、兵家更能适应时代的要求，如孙武"合于利而动，不合于利而止"的用兵主张，商鞅"以战去战，虽战可也"的战争观，都将武力战争视作维护自身安全、打击对手的必要手段，并蕴含其正义的精神，满足了统治者的现实利益需要。因此，军事竞赛成为各诸侯国的必然选择，也成为其治国的重要内容。正因为如此，当时出现的弭兵运动也难以为继。

秦国以"农战"为施政的基本方针，便是讲求最直接的富国强兵功效。其一方面积极鼓励百姓从事农业生产，以增加国家的收入；另一方面突出"军功"的导向功能，动员民众踊跃投军，走向战场。为了确保这一方针的贯彻，又辅之以严刑峻法，使之在制度上得到强有力的保障。战国后期真实的历史便诠释了这样的事实：秦国自商鞅变法确立了走"农战"的强国之路，建立起了高速运转的国家机器，其军事实力迅速崛起，终于用战争手段统一天下。

先秦时期，随着华夏中心观念的形成，无论是在三代名义统一的格局下，还是在诸侯列国纷争的岁月中，围绕捍卫自身文明与安全利益的目的，中原政权产生了"尊王攘夷"的用兵观念，即一致对来自外部的威胁势力进行抗击。同时，因对内维护统治的需要，又有"大刑用甲兵"的认识。在治国思想上大致奉行"国之大事，在祀与戎"，以维系同姓血缘贵族利益为核心的政权建设与军事征伐手段并重的思想。这是现实政治需要的体现，也成为当权贵族的主流意识。这个时期治国理念的要义便是"文武并重"，正如孔子云："有文事者必有武备，有武事者必有文备。"

## 二、秦汉三国魏晋南北朝时期

秦朝的统一，标志着东亚地区空前强盛的中央集权帝国的建立。就地缘背景而言，秦帝国一改以往“小国寡民”的地理格局，东临茫茫大海，西接青藏高原，南靠崇山峻岭，北面广袤草原，形成以黄河中下游为重心的辽阔疆域。从国防形势来看，秦朝拥有相对封闭的簸箕形地理环境，其东面、西面和南面拥有阻隔外部的自然屏障，只有北面相对开放。再从周边部族的分布来看，由于地理和生产方式的差异，只有北部广阔草原地区能够集中人力、物力资源，形成强大的军事力量。

所以，长期以来也只有北方的游牧势力能够对中原的农耕政权造成军事威胁，御北成为秦朝及之后王朝的边防重点。这也决定了中原政权要想保持统一格局，就不得不依靠武力抗击北方游牧势力。耗费巨大的万里长城的出现并不是偶然。

秦帝国的建立，开创了大一统的中央集权体制的统治模式，而随着内外形势的巨大变化，其治国理念在继承以往基本思想的基础上，又得到进一步的巩固和发展。概括而言，秦朝在“文武并重”治国理念的指导下制定了各项方针政策，旨在维系国家秩序与生产方式，并保持强大的军事力量，从而震慑天下，维护边疆安全。同时，与“文武并重”治国理念相吻合的是，秦帝国力图在内政和外交上采取平衡的国家战略，既重视内部建设，也重视外部边防，从而维护了国内统一的局面，抵御了北方匈奴势力的南下。然而，由于统治者过度依赖暴力与刑罚手段，进行了无休止的征调，没有顾及百姓的承受能力，终于导致天下造反，国家十余年间便走向灭亡。但秦帝国为维护中央集权与统一局面而奉行的“文武并重”的治国理念并没有消亡，并且在之后很长的时期内，统一王朝都无不深受其影响。

西汉初期，基于国力的不足，同时吸取了秦朝迅速亡国的教训，统治者暂时实施宽松的内外政策，将重心置于恢复经济方面。于是，既有轻徭薄赋的“文景之治”，也有“白登之围”后对匈奴的和亲妥协，即用“黄老无为”的统治思想来处理内外关系。但至汉武帝时期，随着统治力量的增强，当政者又接续了秦朝“文武并重”的治国理念，于是在实施的一系列政策中，灌注了积极主动与内外并重的内容，意在快速恢复强盛。因此，内部厉行中央集权统治，外部拓展疆域。不过，为了支持主动进取的各项内外活动，特别是持续的边防战争，统治者不得不放弃以往“轻徭薄赋”的政策，不断地征调全国的民力与财力，并对商人的财富实施掠夺式征收，将“重本抑末”的政策推向极致。汉武帝时代多年的北伐南征活动，虽然压制了匈奴的进攻，开辟了西南疆域，但是对百姓的生产和生活造成巨大的影响，同时削弱了自身国力，加剧了社会矛盾，进而埋下了危机的种子。汉武帝晚年对政策进行了一些调整，扶持生产，减少农民的负担，不过由于各种矛盾的积累、发展，统治力已经下降。再历经数代，虽然暂时没有了外部匈奴势力的军事威胁，但是内部危机不断加剧，导致西汉王朝由盛转衰，不可避免地趋于腐朽没落，最终亡国。

东汉时期，统治者在一定程度上延续了以往的治国理念，在国势鼎盛之时，追求文武并重与大一统的目标，曾一度出现强盛的局面，特别是通过巩固西北的边防活动，减少了匈奴的军事威胁。随后，东汉王朝也出现了严重的内外矛盾，尤其是统治集团内部存在斗争异常尖锐、地方豪强势力壮大以及日渐腐朽等问题，导致中央的控制力逐渐下降、瓦解，并因此走向灭亡。可以说，历史大致被复制，东汉沿着西汉的道路经历类似的过程，而由于内部矛盾与危机更为突出，大一统的格局便难以持久地维持下去。

三国魏晋南北朝时期，除了西晋短暂的统一外，出现了长达数百年的割据纷争局面。在此阶段，北方诸多游牧民族南迁，既加剧了冲突，也加速了民族融合，中央集权的模式与大一统的观念逐渐影响到这些少数民族建立的政权，最突出的是北魏孝文帝的汉化改革。于是，先后产生的南北政权都试图以正统自居，并梦想完成统一大业。虽然传统的治国理念萦绕在某些强权统治者的心头，但他们力量有限，几经碰壁而难以贯彻实施，只能维持有限范围的统治。

## 三、隋唐五代时期

隋唐两朝初年，由于内部尚未稳定且国力不足，受到北方突厥游牧势力的巨大威胁，不得不采取和亲甚至称臣的措施，以缓解边防压力。如隋文帝曾向突厥纳贡称臣；唐太宗即位初，西突厥一度兵临渭河北岸，京城长安直接暴露在铁骑兵锋之下，唐王朝上下为之震恐，不得已采取贡献资财的办法换取对方撤军。于是，隋唐两朝在稳定内部与发展的同时，都积极着手加强国防，力图改变被动的局面。就此而言，隋唐两朝都有继承秦汉时期“文武并重”治国理念的愿望，并采取了保持内外平衡的国家战略。但由于隋炀帝在位期间过度征调民力和物力，没有充分顾及国力的承受程度，其浩繁的内外活动激化了社会矛盾，最终导致民众起义，国家迅速灭亡。

唐太宗亲著的《帝范》，系统地反映了其治国思想，即战时军事手段和武将发挥重要作用，平时则文治建设与文臣居于主导地位，两者互相配合，不可偏废。唐太宗的这一论断，其实也包含了处理国家内外关系的认识，即国家要建设与发展，离不开稳定的外部环境。如果边防形势紧张，内部的发展必然难以正常进行，即使暂时取得成果，也会因边防失守而毁于一旦；同时，内部建设是国家存在和发展的根本，若不顾及其需要而一味地尚武与对外，国家则无法发展。因此，必须以强大的军事实力维护政权安全，主动解决边防问题，以利于王朝的各项文治建设。

唐太宗的上述思考体现了“文武并重”的治国理念，也是对以往统一王朝政治运作基本范式的总结。事实上，唐太宗对边防极为重视，其在位期间充分运用军事手段，不遗余力地主动出击。历史的经验教训已经昭示，大国常常是通过战争手段达到其对内对外的政治目的，正如西方近代军事理论鼻祖克劳塞维茨所说：“战争是政治的继续。”

随着贞观年间稳定内部的举措初见成效与国力的恢复，唐太宗适时对西突厥发动反攻，并终于取得了决定性的胜利，从而巩固了西北边防。唐太宗主动出征的步伐并没有到此为止，随之又对西部和东北边疆展开积极攻势，包括对高丽发动三次征伐。以后，唐高宗、武则天时期，继续了积极主动的对外态势，唐朝的疆域拓展到前所未有的局面。应当看到的是，在有利的外部环境下，唐朝获得充裕的资源，内部建设持续发展，典章制度、社会经济及对外贸易交往都取得巨大成就，从而呈现出“盛唐”气象。

但与此同时，频繁的对外战争加重了国家的负担，并对百姓的生产和生活带来相当大的影响，尤其是重兵驻守边防前线，造成外重内轻的格局，导致“安史之乱”发生，唐王朝由盛转衰。此后，“文武并重”的治国理念以及内外平衡的战略自然难以为继，脆弱的唐朝最终走向衰亡。

五代时期，再度出现割据混战、政权林立的格局，武夫悍将跋扈，武力成为影响政治与社会的最大因素。此时，诸政权的当政者大都目光短浅，过度依赖武力手段维持统治，横征暴敛，满足于一时的既得利益，而少有长远的治国目标及理念，致使统治秩序混乱，传统道德沦丧，社会经济被破坏。在此形势下，大一统局面与内外并重的治国理念便消失殆尽。

## 四、北宋、南宋时期

北宋是在经历唐末、五代长达百余年的割据战乱后所建立，因此宋初统治者对昔日的教训进行了深刻的反思。他们高度重视内部秩序建设，以收兵权为首要手段，辅之以分化中央与地方事权的方式，推行全面强化专制皇权的举措。为了政权的长治久安，对影响朝政的超强武力因素进行抑制，对沦丧的儒家思想文化加以振兴，力图恢复文治与武功之间的平衡。与此同时，宋太祖继承了大一统的传统观念，积极进行统一战争，其“先南后北”的方略就包括收复燕云十六州的内容，也就是说要维持中原对天下及四夷的控制。就此而言，宋太祖时代也有延续“文武并重”治国理念的思路。然而，宋太祖正值壮年时突然去世，其草创的治国思路尚未定型为稳定的治国理念。

宋太宗即位后，一方面继续推动内部的整顿与发展，另一方面继承“先南后北”的统一部署。但在完成内地统一任务后，却在两次对辽主动进攻的行动中惨遭失败。宋统治集团因此产生了辽朝不可战胜的认识，从此眼光向内，采取“守内虚外”之策，放弃了开疆拓土的举动，由积极防御转变为消极防御；同时，确定追求内部统治稳定和“文治”功业为施政的重心和最高目标，边防则退为次要问题。这一策略显然具有重内轻外的特点，宋朝“崇文抑武”的治国理念由此初步形成。

据记载，宋太宗早在第一次北伐失败后，就针对朝廷藏书不足的问题说道：“夫教化之本，治乱之源，苟无书籍，何以取法？”这从一个侧面反映了他试图在经史典籍中寻觅治国经验。如当时的文臣张齐贤积极主张朝政的重心应放在内部，反对继续对辽用兵，明显具有重内轻外的倾向。到第二次北伐惨败后，宋太宗君臣更不断就国家发展走向问题进行了探讨，于是儒家重视秩序、提倡仁政、关注民生以及怀柔四夷等认识，成为推动治国理念转向的有力旗号。这些都说明为了放弃汉唐“文武并重”的治国理念，并树立“崇文抑武”的治国理念所作出的努力，已逐渐开花结果，成为宋太宗君臣的共识。

宋真宗在位期间，曾亲自撰写《崇儒术论》，公开宣称：“太祖、太宗丕变弊俗，崇尚斯文。朕获绍先业，谨遵圣训，礼乐交举，儒术化成。”也就是说，既定的国家发展路线不会改变。景德元年（1004），面对辽军的大举南攻，宋真宗在抗战初见成效的情况下选择了议和，在 1005 年与辽签订了和约，史称“澶渊之盟”。如果说此举是像西汉初年对待匈奴、唐初对待西突厥那样，属于暂时采取的守势，然后聚集力量，待国力强盛后再适时发动反击，尚属审时度势下的权宜之计。但“澶渊之盟”后，宋朝延续了消极的对外战略，继续将内部的稳定与文治建设作为朝政的主要目标，这标志着“崇文抑武”治国理念的定型。

宋仁宗即位伊始，有官员建言：“国之外患在边圉，然御之之术，不过羁縻勿绝而已。内患则不然，系社稷之安危，不可不蚤定也。”显然，宋太宗、宋真宗两朝确立的治国理念已获得统治阶层的共识，内部稳定与建设是施政关注的要害，边防则不过属于次要问题，即使因此产生不利的后果，也在所不惜。如宋人指出：“昔仁宗皇帝覆育天下，无意于兵。将士惰偷，兵革朽钝，元昊乘间窃发，西鄙延安、泾原、麟府之间，败者三四，所丧动以万计，而海内晏然。”以后，宋仁宗在位期间与西夏签订的“庆历和议”，其实与“澶渊之盟”精神相通，这说明崇文抑武及重内轻外的思路被延续下来，议和已经成为化解边患的重要手段。

北宋中后期，当政者基本维持以往的治国理念和处理内外关系的路线，并视其为祖宗之法。虽然治国理念在个别阶段有所调整，如宋神宗在位期间进行的以富国强兵为宗旨的变法，但其总体思路基本没有改变，特别是对辽依旧维持议和局面。这种状况大致延续到北宋末年，直至北宋被金军灭亡。

南宋时期，虽然长期处于外患的巨大压力下，民间要求抗战的呼声不断，但统治集团继续维持守内虚外的祖宗之法，崇文抑武仍然在很大程度上影响了宋廷的主流意识乃至治国理念。宋高宗君臣甚至不惜杀害岳飞，以促成与金朝的“绍兴和议”。宋高宗赞扬秦桧的话“尽辟异议，决策和戎”，真实反映了当政者主和避战的态度。秦桧死后，宋高宗还特别表示要延续既定路线：“今日尤协心一意，休兵息民，确守勿变，以为宗社无穷之庆。”在此，“休兵息民”成为维持现状的主要理由。南宋主和派长期当政，他们满足于偏安一隅，以内部建设为施政重心，不愿也无力主动收复北方失地，只得依赖议和缓解边防压力，最终仍是在边患压迫下亡国。

还值得关注的是，宋朝为皇帝设立了经筵制度，重在培养皇帝的君德、仁恕、修身等儒家思想意识及文化素养，君臣讨论的议题也多集中在这些方面，而对兵家、边防之类的内容涉及较少。这进一步强化了统治者崇文抑武的信念，进而影响到治国实践层面。

## 五、元明清时期

1206 年，成吉思汗统一漠北诸部，建立大蒙古国。当时蒙古的宗主国为金国，金国与西夏走向衰落，蒙古先后攻打西夏与金国，并分别于 1227 年和 1234 年攻灭西夏和金国，占领中国华北。在西方，蒙古国先后发动三次战争，称霸欧亚大陆。1259 年，元宪宗蒙哥去世。此后，其领有汉地的四弟忽必烈与受漠北蒙古贵族拥护的七弟阿里不哥为了争夺汗位而发生战争，最后忽必烈获胜。忽必烈于 1271 年改国号为“大元”，建立元朝，即元世祖。1279 年，元朝攻灭南宋残部，完成全国统一。元世祖到元武宗期间，元朝国力鼎盛时期，军事上平定西北，但在征伐日本、东南亚诸国时屡次失利，特别是在元日战争中战败。中期皇位频繁更迭，政治始终没有上轨道。元惠宗晚期，由于怠于政事、滥发纸币导致通货膨胀，为了治理泛滥的黄河又加重徭役，最后导致1351年爆发元末民变。1368年，朱元璋建立明朝后，派徐达北伐攻陷元朝的首都大都（北京）。元廷退居漠北，史称“北元”。1402年，元臣鬼力赤篡位，停用国号“大元”，复称“大蒙古国”。

元代政治思想的核心内容是主张“附会汉法”，实行“仁治”。它发端于元太宗窝阔台时代的耶律楚材，由元世祖忽必烈时代的刘秉忠、郝经、许衡等人进一步阐发并形成体系。其后，赵天麟、郑介夫、马祖常、许有壬及苏天爵等人均壁守其基本观点，成为元代政治思想演进过程中的代表人物。

耶律楚材在辅佐窝阔台治理汉地时，主张用中原文明去影响和改变大蒙古国的社会政治制度和治国方法，即以儒治国。到了忽必烈时代，随着蒙古统治中心的南移，如何才能治国安民，成为当时亟待解决的问题。忽必烈开府金莲川，尊揽儒士，招集一批汉族地主阶级知识分子为幕僚，其中以刘秉忠、郝经、许衡为代表。刘秉忠劝说忽必烈效法周公、尊崇孔子、修复庙祀，奠立太平之基和王道之本。郝经力主“附会汉法”。许衡也主张“帝中国，当行中国事”，“必行汉法”。他们的政治思想成为元初改革的基本理论，奠定了元代的成宪，为后继诸帝所师承。“附会汉法”政治思想在以下四个方面被蒙古统治者所实践：一是建立年号、国号和礼仪制度；二是承袭中原王朝传统的国家机构和职官制度；三是实行劝农政策；四是承认和提倡以儒学为主体的汉族传统文化。

明朝初年，明太祖以丞相胡惟庸“专权”为由，将其诛杀，废除丞相制度，并诏令以后子孙后代不许设立丞相，皇权由此得到加强。明朝也是中国近代历史上战乱比较多的朝代，外患特别严重，但明太祖曾说“蛮夷之人，性习虽殊，然其好生恶死之心未尝不同。若抚之以安静，待之以诚意，谕之以道理，彼岂有不从化者哉”，这表明了明太祖实行文治的决心。明太祖关于天下秩序的设想选择了一条和平的道路，这一和平道路就是恢复春秋之大义，实现儒家“德治”的理想。

皇太极时期，改族称为“满洲”，改国号为“清”，将“法明崇满”确定为自己的国家建构理念。在皇太极看来，保持本民族特色与吸纳汉文化并无矛盾之处。因此，他在建构国家的过程中，注意学习吸收明朝政治体制的经验。

清入关之际，清朝统治者面对激烈的满汉交锋与冲突及根深蒂固的“华夷”观念所引发的满汉矛盾，不得不强化“首崇满洲”的国策，但作为一个统一的国家政权，它又不得不面对如何有效治理人口众多的汉人及边疆诸族的现实课题。于是，在“崇满”保持自身民族利益与意识的同时，“因袭明制”，以适应新的政治生态的需要，成为清初统治者不二的选择。“法明崇满”治国理念经康熙、雍正、乾隆时期的进一步建构，形成“法明”以抚内地，“崇满”以安藩部，两者有机结合，相协相维，共同支撑着清代多民族统一的“大一统”政治格局。

# 第二节 中国古代谋略

## 一、中国谋略文化源远流长

中国古代的术数既有意蕴，也有趣味，形成了悠久的中华术数文化和影响深远的术数学体系。中华术数包含三大体系：一是养生术，二是占卜术，三是谋略术。到现在，养生术在中医、气功等方面仍有重要的影响；占卜术虽有较大的迷信成分，但其曾在相当长时间内在民间广泛传播；只有谋略术，似乎没有在公开范围内系统传播。但是，当我们翻阅历史上的民间札记和随笔时，不难发现古代官场上的人常在枕边、案头藏着谋略术方面的书，他们反复精读，揣摩着谋略的智慧和方法。

中国的谋略文化源远流长，为人类的智慧宝库作出了杰出的贡献。汉代以前，很多书主要是谈谋略的，之后的很多史书也包含着丰富的谋略思想。

比如，《史记》中“太史公曰”等部分，其实是从谋略的角度对历史经验进行了总结；《资治通鉴》更是直接为帝王之“治”提供谋略资源，帮助帝王从历史经验中借鉴治国的政治谋略。

从谋略方面看，中国古代还有不少很有价值的智慧典籍，如《老子》《韩非子》《孙子兵法》《三十六计》《战国策》《鬼谷子》《素书》以及《三国演义》等。

中国古代有不少家喻户晓的谋略家，如孙武、吴起、韩信、周瑜、诸葛亮、曹操等。中国古代的帝王权谋、文人智慧、兵家韬略、商贾智谋等，都在中国历史上有很大的影响。中国现存的历代兵书、谋略典籍居世界之最，其议论之恢宏、智谋之深邃、谋术之精巧，令世人仰之弥高。史书大谈历史谋略，诸子百家以智谋著称于世，文人著作大谈智慧，其谋略思想大到治国平天下，小到齐家修身、趋利避难等，历代帝、后、王、侯，将相权臣，官宦士子，甚至起义军将领等，无不反复揣摩，力争娴熟运用。

翻开中国古代的各种典籍，处处可见隐藏不露的政治计谋、运筹帷幄的军事战略、以退为进的处世韬略、事半功倍的处事方略、灵活应对的人生策略等。《老子》以柔克刚、以退为进的策略，《鬼谷子》的纵横捭阖谋略，《孙子兵法》的“知己知彼，百战不殆”，《三国演义》中曹操、诸葛亮、郭嘉、庞统、周瑜等用谋用智的典型事例，至今对我们仍有非常重要的影响。

中国自商朝以来，就有重视战略谋划的传统，例如商朝的伊尹就是杰出的谋略家。在商汤灭夏的战争中，伊尹为之策划了一系列巧妙的战略措施，逐步剪除夏朝的羽翼，改变力量对比，以战略伪装麻痹夏桀，择机突然出兵，乘胜攻掠土地。再如，齐桓公冠冕堂皇地将“尊王攘夷”作为口号，称霸中原；孙膑围魏救赵，智胜庞涓；张仪远交近攻，实施连横策略；苏秦联盟五国，大搞合纵方略；张良“运筹策帷帐之中，决胜于千里之外”，助刘邦登上汉朝天子宝座；刘彻“罢黜百家，独尊儒术”，确立封建统治思想；曹操挟天子以令诸侯，创造政治优势；诸葛亮隆中谋划，助刘备三分天下；朱升提出“高筑墙，广积粮，缓称王”三策，为朱元璋制定了占领天下、建立大明王朝的基本战略；等等。这些处处体现了谋略文化对历史的重大影响。

在历史进程中可以看到，但凡竞争激烈的年代，不管是军事、政治竞争，还是其他方面的竞争，谋略都大有用场。谋略文化就像古代的兵法、现代的经济策略一样，有它的科学性，是人类在长期的实践中总结出来的智慧，是可以为现代人所借鉴的。然而，古代谋略术有其神秘性、权宜性、排他性，往往停留在实用技巧的层面，不够系统，也缺少现代智库思想的那种可操作性；同时，谋略术常被少数权贵、高层人士掌握，未能成为大众文化，在很大程度上被制约了应用和发展。

## 二、古代谋略文化的基本类型

春秋时期，诸子蜂起，百家争鸣，冲击并形成了不同流派和类型的谋略文化。这个时期的学术中心是社会政治问题，这种社会历史背景铸造和形成了中国古代谋略文化的品格，即重视实用主义和人文精神，关注道德和价值问题，不刻意追求形而上的玄思。谋略文化的基本类型，包括道家权谋、兵家权谋、纵横家权谋、法家权谋等。

**1. 道家权谋。**

老子在哲学上的突出贡献是建立了一个道体观的理论体系。道，是脱离了个别事物的抽象的存在，它没有具体的物质形态，超越时间和空间，但又有精质、形象，老子称它“无形之状，无物之象”。道产生出宇宙和天地，阴阳和合产生万物，这就是“道生一，一生二，二生三，三生万物”的宇宙生成论。由于道具有这些特点，它不可能通过感官被认识，而只能靠领悟和体证被认识和把握。这就是老子“静观”“玄览”的认识路线。

然而，老子的“道体观”最终是指向无为而治的政治观。他将治理天下的法则称为“稽式”。道的原则是“生而不有，为而不恃，长而不宰”。按照道的精神去治理天下，就应该效法自然，清静无为，努力做到无欲、无私而好静，使百姓自我教育，即老子说的“我无为而民自化，我好静而民自正，我无事而民自富，我无欲而民自朴”。老子将“无为”上升到政治的最高原则，主张“无为而无不为。取天下常以无事，及其有事，不足以取天下”。

清静无为是老子和道家谋略的一个重要特点。

老子在主张统治者自身采取无为而治的同时，对于人民也要实行一种“愚民”的策略，即不是教给人民巧智，而是使他们无知无欲，淳朴自然，返归到“含哺而熙，鼓腹而游”的状态。也就是他说的：“是以圣人之治，虚其心，实其腹，弱其志，强其骨。常使民无知无欲，使夫知者不敢为也。为无为，则无不治。”

老子的道具有高度的抽象思辨性，特别是老子的辩证法和政治观具有社会功利性，这使老子哲学成为后世各派谋略学说共同的思想和理论渊源。

**2. 兵家权谋。**

我国古代的兵家权谋对谋略文化的产生和发展具有重要的推动作用。其本身也有很高的成就，集中体现在《孙子兵法》《六韬》《三略》等军事谋略著作中。

《孙子兵法》首先将战争这种人类社会现象作为整体进行考察，提出了系统的战争观和辩证法思想。孙子认为，军事双方的对抗和较量，首先是双方首领智慧、经验的较量。凡兵戎相见，不战而屈人之兵为上。《孙子兵法》：“故上兵伐谋，其次伐交，其次伐兵，其下攻城。”军事谋略的应用贵在因利制权，为势于外，即善于隐藏自己的实力，使对方受制于己，掌握战争的主动权。在《孙子兵法·兵势》里，他又用“奇正相生”来概括和阐述自己的军事谋略思想。孙子说：“三军之众，可使必受敌而无败者，奇正是也。”所谓正，指正面当敌之兵，引申为战争活动中的正规原则；奇，本指旁出斜出之兵，引申为战争活动中灵活机动的原则。“奇”与“正”是对敌我双方军事活动的众寡、强弱、虚实、治乱、攻守等的概括和升华。“奇正相生”“奇正之变”即指原则性和灵活性、一般与个别的统一。

《三略》又称《黄石公记》。该书系统论述了统军驭兵、治理国家的军事、政治谋略，而不仅仅局限于军事范畴。《三略》受道家思想的影响，认为治国用兵务必以“柔弱刚强”之道为指导，善于与物推移，因敌转化，如此则天下可得，国家可治，战无不克。《三略》从统治者的高度，提出选贤举能的重要性，认为求贤之道，因人而异，或致之以德，或致之以道。《三略》："清白之士，不可以爵禄得；节义之士，不可以威刑胁。故明君求贤，必观其所以而致焉。致清白之士，修其礼；致节义之士，修其道。然后士可致，而名可得。"又认为，将帅恕人如己，推恩施惠，就可以使三军一心，士卒用命，稳操胜券。这方面又体现了《三略》受儒家仁义思想的影响。

### 3. 纵横家权谋。

《鬼谷子》阐述了战国纵横家所崇尚的权谋策略和言谈辩论技巧，提出了"捭阖"的概念，认为"捭"即开启，"阖"即闭藏，捭阖的矛盾运动产生了阴阳对立、四时变化，化育了世间万物，捭阖体现了天地自然的根本法则。

在捭阖学说的基础上，《鬼谷子》建立了一个"知""情""意"结合的谋略体。"知"就是对游说对方和客观形势进行权量、估计和评价。《鬼谷子》认为，进献说辞、运用谋略必须了解对方的心情、才能、权谋，并慎重衡量利害得失，这也是谋略运用的基础。

《鬼谷子》排除了忠、信、仁、义的道德准则，而将功利实用性置于价值判断的首位，主张一谋不能全两忠。《鬼谷子·忤合》："世无常贵，事无常师。圣人常为，无不为；所听无不听。成于事而合于计谋，与之为主。合于彼而离于此，计谋不两忠，必有反忤。反于是，忤于彼；忤于此，反于彼。"

"情"是对智的进一步深化和运用。它包含情感和真情两方面的意义。对于游说者来说，只有双方情意相投，才能达到游说的目的。在谈到得情的作用时，《鬼谷子》认为："不见其类而为之者，见逆。不得其情而说之者，见非。得其情乃制其术，此用可出可入，可楗可开。"

探知对方实情的基本方法：一是钓语，即人动己静，根据对方言谈中描绘的形象和类比的事理推知对方的真情实意，犹如猎人张网以待；二是反听，即改变语言的形象和事理，借以开启对方的情意，利用责难、诘问来判断对方言谈的真假；三是揣情，即通过对方甚喜、甚惧等真情实感的流露，从而探知对方的真实思想。通过以上种种方法，可以达到得情的目的。

"意"是《鬼谷子》谋略系统中的意志性要素，是指游说者在进行游说活动时，认真揣度天下的形势，按照自然之理设计谋略，判断事情之可行与否，大胆提出自己的意见，阐明政策的利弊得失，从而控驭君主意志的活动。通过这种活动，使对方理解和接受自己的谋略，为谋略运用奠定共同的心理基础。

纵横之术、勾距之术、长短之术，都是谋略的别名。纵横术的流传和应用历久不衰，几乎每一代都有人研究它。汉代荀悦的《申鉴》、三国刘邵的《人物志》、唐代赵蕤的《长短经》、明代冯梦龙的《智囊补》以及近代曾国藩的《冰鉴》等著作，都属于纵横术的范围。其中《长短经》运用大量历史案例系统总结和分析了历代治政经验，并对人物得失进行评判，体现了作者渊博的学识和对历史的真知灼见。

**4. 法家权谋**。

法家在谋略上的主要特色是主张依法治国。战国时期，韩非子系统地总结了法家理论，创立了以法为本、“法”“术”“势”相结合的法治理论体系，成为法家思想的集大成者。

“法”指的是体现当时统治阶级意志的法律、法令、政策等，“术”指选任官员、控驭臣下的手段、策略。《韩非子·法定》：“术者，因任而授官，循名而责实，操杀生之柄，课群臣之能者也。”“势”指地位和权力。在韩非子之前，商鞅、申不害、慎到等人曾经从不同的角度提出过“法”“术”“势”等思想，但在韩非子看来，“皆未尽善也”。他认为商鞅“徒法而无术”，申不害“徒术而无法”，慎到则偏于“自然之势”，都是片面、不完善的，主张将“法”“术”“势”三者结合起来。

韩非子主张依法治国，反对任用心术。他认为法治的基本要求是制定明确的法律，并公布于众；法律要统一、稳定，且随着社会情况的变化而变化；要严格执行赏罚制度；要用法律统一人们的思想，“以法为教”，“以吏为师”，“是境内之民，其言谈者必轨于法”。

## 三、古代谋略文化的价值取向

中华文化在长期的发展进程中形成了独具特色的战略文化。这一战略文化力斥强权与霸道，以重道尚义为价值取向，提出“慎战”与“重战”交互为用的国防理念，主张在处理国与国之间的矛盾与冲突中讲求谋略，强调实力是制胜的基础。这构成了中国古代战略文化的核心话语体系，体现了中华民族源远流长的和平主义情怀与卓越的政治智慧。

**1. 重道尚义，以德立国。**

在漫长的历史进程中，中华民族形成了重道尚义、以德立国的处世之道，认为暴力、强权绝非国与国之间的相处之道，各国在处理邦交关系上应遵循亲仁善邻的和平之道。在中华文化中，穷兵黩武一向被斥为“霸道”。先秦诸子对于治国之道虽各持己见，但对于“霸道”则同声谴责，其中儒家和墨家的“非战”思想就是反对“霸道”的典型代表。中国古代王朝倡导“怀远以德，不闻以兵”的和平外交，在边疆治理中，倡导修德安民，致力于营造祥和安宁的周边环境。

**2. 慎战重战，和平永续。**

中国自古疆域辽阔，强邻代兴，周边扰攘从未停息。面对险恶的地缘环境，中华民族要想生存发展，必须增强国防力量，才能震慑强敌，维护和平。面对来自周边的安全威胁，我国古代先哲提出了“慎战”与“重战”交互为用的策略，形成了具有鲜明特色的慎战观，即以高度理性、审慎的态度对待战争。慎战观强调“非利不动，非得不用，非危不战”的原则，倡导居安思危、有备无患的积极国防理念，深刻阐释了慎战与重战、战争与和平的辩证关系。将慎战观落实到国家治理之中，就是要知战、备战。

**3. 贵谋尚计，不战而胜。**

中国古代兵家谈论战事，大都以禁暴止战为旨归，强调师以义动，其核心思想是“以谋取胜”。例如，《六韬》倡导“文伐”，《孙子》主张“谋攻”。这种以谋取胜的思想成为后世筹划战守的准则。总体来看，中国古代谋略运用的精髓可以归纳为：道胜为上、政胜为本、柔胜为用。所谓“道胜为上”，是指道义的优胜是谋略运作的最高目标；所谓“政胜为本”，是指政治目标、政治谋略是战略谋划的主体与核心；所谓“柔胜为用”，是指以间接、迂回、柔性的方式赢得胜利。

**4. 实力为本，造势任势。**

在中国古代战略理论中，实力是克敌制胜的物质基础。先秦诸子谈论国防之道时，大多将国力放在重要位置。例如，《管子》的“为兵之数，存乎聚财”，《商君书》的“农战”论等，都强调了国家实力的重要性。实力是制胜之基，依托实力形成战略优势，进而转化为胜势，是战略谋划的关键。因此，谋略就是善用力、巧用力，实现未战先胜的“形胜”。而实现“形胜”，首先要“聚力”，然后要“造势”与“任势”。“聚力”就是厚植国力，聚合一切有利因素，形成对敌斗争的压倒性优势；“造势”就是依托自身强大的实力，造成一种势不可挡的局势，以威慑、压制并最终战胜对手；“任势”就是指将客观的物质力量与主观的谋略运作有机结合，将固定的、静态的力量转化为动态的威势，进而取胜。历史证明，正义的力量并不能自动战胜邪恶，只有通过“任势”，依托强大的实力、发挥正义的力量，才能实现和平。

## 四、中国古代谋略家

中国古代谋略家为数众多，以下简要介绍其中几位。

**1. 孙膑。**

孙膑（生卒年不详），战国时期齐国阿（今山东阳谷东北）人，兵家，孙武的后代。

孙膑曾与庞涓同学兵法，后来庞涓出仕魏国，他认为自己的才能比不上孙膑，于是诓孙膑到魏国。孙膑到魏国后，庞涓捏造罪名将孙膑处以膑刑

（去膝盖骨），想使他埋没于世不为人知。齐国使者觉得孙膑不同凡响，于是用车偷偷地将他载回齐国。后孙膑被齐威王任命为军师，辅佐齐国大将田忌两次击败庞涓，取得了桂陵之战和马陵之战的胜利，奠定了齐国的霸业。

田忌经常与齐国诸公子赛马，设重金作为赌注。孙膑发现比赛的马奔跑能力不相上下，可分为上、中、下三等，于是建议田忌加大赌注，并且向他保证必能取胜。孙膑建议田忌用自己的下等马与齐王的上等马进行比赛，用自己的中等马与齐王的下等马进行比赛，用自己的上等马与齐王的中等马进行比赛，最终赢了齐王。其采用的方法，被视为是对“策对论”的最早运用。

孙膑主张“战胜而强立，故天下服矣”（《见威王》）。认为采取“营而离之（迷惑敌人，使之兵力分散），并卒（集中兵力）而击之”（《威王问》）等方法，寡可以敌众，弱可以胜强。主要思想体现于《孙膑兵法》。

**2. 姜子牙**。

姜子牙（生卒年不详），即姜尚，又称吕尚，太公望，原为历史人物，在《鬻子》《六韬》《金匮》《搜神记》等书中，已逐渐加以神化，至《封神演义》而达到极致。

相传姜子牙年近80在渭水边垂钓，遇到了求贤若渴的周文王，拜为丞相，后又助武王起兵伐纣，统率许多道术之士，完成兴周大业。

**3. 鬼谷子**。

相传战国时楚人。姓名传说不一。隐于鬼谷，因以自号。长于养性持身和纵横捭阖之术。《史记》中记载苏秦、张仪“俱事鬼谷先生学术”。

**4. 苏秦**。

苏秦（？—前284），字季子。战国时东周洛阳（今河南洛阳东）乘轩里人。

苏秦奉燕昭王的旨命进入齐国，从事反间活动，使齐国疲于对外战争，以便攻下齐国为燕国复仇。齐湣王末，苏秦担任齐国丞相。秦昭王约齐湣王并称“东西帝”，他劝说齐王取消帝号，与赵国李兑约五国攻秦，被赵国封为武安君。五国合纵攻秦，迫使秦废帝号，并归还部分魏、赵之地。后燕将乐毅联合五国大举攻齐，其反间活动暴露，被车裂而死。

《汉书·艺文志》纵横家有《苏子》三十一篇，今佚。帛书《战国纵横家书》存有苏秦游说辞及书信十六篇，与《史记·苏秦列传》所载不同。

**5. 张良**。

张良（？—前190或前189），西汉初大臣，字子房，相传为城父（今河南襄城西南）人。

张良的祖父、父亲相继任韩五世相。秦灭韩后，他图谋恢复，结交刺客，在博浪沙（今河南原阳东南）狙击秦始皇未中。秦末农民战争中，聚众归刘邦，旋游说项梁立韩贵族成为“韩王”，任韩司徒。后韩王成被项羽所杀，复归刘邦，为其重要谋士。

他曾劝刘邦在鸿门宴上卑辞言和，保存实力，并疏通项羽叔父项伯，使刘邦得以脱身。后又以出色的智谋，协助汉高祖刘邦在楚汉战争中最终夺得天下，帮助吕后扶持刘盈登上太子之位，被封为“留侯”。

**6. 诸葛亮**。

诸葛亮（181—234），字孔明，琅琊阳都（今山东沂南南）人，三国蜀汉政治家、军事家。

东汉末年，诸葛亮隐居邓县隆中（在今湖北襄阳），留心世事，人称“卧龙”。建安十二年（207），刘备三顾茅庐请诸葛亮出山，从此他成为刘备的主要谋士。章武元年（221），蜀汉建立后，诸葛亮被封为丞相。建兴元年（223）刘禅继位，被封为武乡侯。当政期间，励精图治，赏罚严明，抑制豪强，任人唯贤。推行屯田，务农积谷，改善与西南各族势力的关系，有利于当地政治、经济发展。曾联吴抗魏，为实现兴复汉室的政治理想，五次出兵争夺中原，都由于各种不同因素而失败。后与司马懿在渭南相拒，病逝于五丈原军中。刘禅追谥其为忠武侯。

相传诸葛亮曾革新连弩，可一弩十矢俱发，又制造“木牛流马”，利于山地运输。著有《诸葛亮集》。

## 单元学习活动

◎哪些朝代的统治者坚守“保持大一统局面与内外并重的治国理念”？哪些朝代的统治者背离了这个理念？

◎“君君”“臣臣”“父父”“子子”的思想起于哪个朝代？为什么能贯穿整个封建社会？

◎中国古代哪一位谋略家让你钦佩？请你举出他的一个典型谋略。

◎为什么说中国古代谋略文化体现了中华民族源远流长的和平主义情怀与卓越政治智慧？

# 第四单元

# 劈波斩浪通五洋

# ——中国古代的水路交通

# 第一节
# 中国古代水路交通的演变

水路交通是使用船舶运送客货的一种运输方式。水运主要承担大数量、长距离的运输，是在干线运输中起主力作用的运输形式。我国不仅陆疆广大，而且河流众多、海域辽阔。因此，我们不仅有一部光辉的陆上交通进化史，而且有源远流长的内河航运史和历史悠久的海洋航运史。

商朝，舟船同车马和步辇一起在这一时期相继出现。周朝在内河航运方面，除了利用自然河道，还开凿了人工河流。而王充《论衡》中记载的“越裳献雉，倭人贡畅”，则让我们了解到当时海上航行已是常事。

到了春秋战国时期，各诸侯国相继开凿了胥河（沟通太湖和长江）、邗沟（沟通长江和淮河）、菏水（沟通淮河和黄河）和鸿沟（沟通黄河和淮河）等人工运河。吴国、越国和齐国则是主要的航海国，优良的港口也在沿海地区发展起来。

秦始皇统一中原后，挖掘灵渠，沟通了长江和珠江水系。其四次海上巡游加快了我国航海事业的发展，徐福东渡日本的故事更是家喻户晓。

汉朝出动水师征服东瓯（今浙江东南部）、闽越（今福建部分地区）、南越（今两广部分地区）等地方割据势力，为沿海航路的开辟、畅通创造了条件。继而开辟了沟通世界两大帝国——东方的汉帝国和西方的罗马帝国的海上丝绸之路以及从山东经黄海通向朝鲜和日本的航线。值得一提的是，汉武帝十分重视海上交通，一生亲自巡海七次。

三国时期，东吴是我国航海最发达的地区。其船队南至南海诸国，北达辽东朝鲜，还开辟了自长江口直达朝鲜的航线。南朝时开辟中日南道航线，日本曾先后多次遣使者经此航线来中国。在来往的过程中，中国文化、生产技术以及印度佛教传入日本。

隋唐时期，在水路方面，隋朝完成了贯穿南北的大运河工程，唐朝则开辟了多条新的海上航线，加强了与海外诸国的经济文化交流。据不完全统计，从唐高宗永徽二年（651）阿拉伯国家首次派人入唐至唐德宗贞元十四年（798）间的 148 年，阿拉伯对中国正式派遣使者 39 次之多。阿拉伯商人、伊斯兰教士也多次从海道到唐朝经商和传教。到唐朝中期，海上丝绸之路的文化贸易来往进入新的高峰，同时航海技术也达到了相当高的水平。当时的中国水手以航海技术高超而闻名于世，他们不仅掌握了亚洲东南信风和季风的规律，而且具备一定的航海天文知识。

宋元时期是我国历史上海上交通最繁盛的时期之一，造船业和航海业非常发达，造船技术和航海技术也都有重大的突破。伴随着指南针在海船上的运用，宋代的航海技术大大提高，那时的远洋航船已能横渡印度洋，沟通了从中国直达红海和东非的西洋航线，这标志着我国航海事业已达繁荣时期。元朝在前代基础上，继续开挖运河，使京杭大运河全线通航；大规模发展海运漕粮，并开始在长江口以及一些港口设置航标，以保障航行安全。

到了明代，造船业的发展迎来高峰，郑和七次下西洋将我国古代航海活动推向顶峰。

## 第二节
## 中国古代水路交通的主要工具——舟船

如果说中国古代的陆上交通主要靠车马，那么水上交通靠的便是舟船。我国造船起步于原始社会新石器时代，历史悠久，源远流长。下面我们一起来认识“舟”“船”，了解中国古代的舟船构造以及它的发展。

### 一、“舟”“船”的基本作用

首先，我们来分析“舟”字的字形演变。

舟，甲骨文像一只木船，有船舷、船头和船尾。金文承续甲骨文

字形。篆书承续金文字形。隶书变形较大。作为象形文字，它们都是对客观实物特征的描绘，而实物一定早于文字出现。

《说文解字》：“舟，船也。古者，共鼓、货狄，刳木为舟，剡木为楫，以济不通。象形。凡舟之属皆从舟。”《周礼·考工记序》：“作舟以行水。”

那“船”又是什么样的呢？它同“舟”有区别吗？我们借由“船”的字形演变一起来探寻一下。

船，金文=（舟）+（公）。公，表示公共的、大众的。所以，船可以指公共之舟，其负载量大于独木舟，用于日常摆渡众人。篆书承续金文字形。隶化后，楷书将篆书中的写成，写成。《说文解字》：“船，舟也。从舟，铅省声。”《说文义证》：“舟也者，周处《风土记》：‘小曰舟，大曰船。’”

由此可见，狭长者为“舟”，宽大者为“船”，这便是“舟”与“船”的区别。

根据以上对两字字形演变的分析及基本意思的阐释，我们初识了“舟”“船”。

以船舶作为交通工具古已有之。人类祖先为了生存，大都居住在有水草的地方，长期与水打交道。但由于没有一定的工具，他们无法捕捞深水中的鱼群，也无法狩猎河对岸的野兽。不仅如此，如遇洪水泛滥，他们甚至连生命都不能保全。恶劣的环境与求生的本能迫使人类去思考，寻找到了“舟”这一工具，从而猎取更多的食物并避免洪水的危害。

因此，“舟”“船”最基本的作用可概括为助人或携物“行水”渡河。《周易·系辞》：“舟楫之利，以济不通，致远以利天下。”当然，由于古代生产力水平相对不高，“船”同“车”一样，还代表了主人的身份和地位，普通百姓是没有资格乘船的。商王水上出行乘舟，这作为王的特权一直沿袭至西周时期。周王不仅在渔猎时乘舟，而且还有大臣跟从，保驾护航。当然，周王同诸侯大臣所乘之舟亦是有严格的等级区别的。《尔雅·释水》云：“天子造舟，诸侯维舟，大夫方舟，士特舟，庶人乘泭”。意思是：天子把船并列铺上木板做成浮桥渡河，诸侯维连四船渡河，大夫并列两船渡河，士用一船渡河，庶人乘竹木筏渡河。

## 二、“舟”“船”的基本构成

### 1. 船体结构部分。

（1）龙骨。

龙骨是在船体的基底中央连接船首柱和船尾柱的一个纵向构件，它位于船的底部。在龙骨上面有横过的船肋加固。龙骨通常是船壳第一个被建造的部分。

舰船龙骨的主要作用是承重，它是船舶，特别是小型船舶最重要的承重结构。其承受船体的纵向弯曲力矩，保证船舶结构强度。

中国古代船舶的龙骨结构是造船业中的一项重大发明，对世界船舶结构的发展具有深远的影响。

（2）水密隔舱。

水密隔舱是中国古代造船技术的一项重大发明。所谓水密隔舱，就是用隔舱板把船舱分成许多个互不相通的舱区。清嘉庆年间蔡永蒹所撰《西山杂志》载：“天宝中，王尧于勃泥运来木材为林銮造舟。舟之身长十八丈……银镶舱舷十五格。”有研究认为，文中的“十五格”就是15个隔舱。

水密隔舱提高了船体抗沉性，增强了船体构造强度，对提高航海安全性具有革命性作用，同时提高了货物装卸的效率。

（3）船首。

船舶前端处叫船首。它的两侧船壳弯曲处叫首舷。

（4）船尾。

船的后部或尾部，特指在舵柱或船尾柱后面的那部分船体。它的两侧船壳弯曲处叫尾舷。

（5）舭（bǐ）部。

船舷侧板与船底板的弯曲部分叫做舭部。

## 2. 舟船推进工具。

（1）桅。

亦称“桅杆”。指竖立于船舶甲板上的长杆、圆木等。在帆船上用来扬帆；在机动船上用来悬旗或兼做吊杆柱等。每艘船配备的桅杆数，根据船只大小、航区不同而有所区别。东汉刘熙《释名》：“其前立柱曰桅。桅，巍也，巍巍高貌也。”说明桅主要用于悬挂旗帜。

（2）帆。

帆就是张挂在桅上的使风装置，它利用风力使船前进。刘熙在《释名》中云：“随风张幔曰帆。帆，泛也，使舟疾泛泛然也。”古代的船帆用布、蒲草、篾或卢头木叶制成。

（3）桨。

亦称“楫”“桡”。一种用人力使船前进的工具，常装置在船的两旁。其由桨叶和桨柄构成。

刘熙在《释名》中对桨的定义：“在旁拨水曰棹。棹，濯也，濯于水中也，且言使舟擢进也。又谓之札，形似札也。又谓之楫。楫，捷也，拨水使舟捷疾也。”

（4）橹。

橹是一种用人力使船前进的工具，它是在舵桨的基础上发展演变而来的。《释名》曰：“在旁曰橹。橹，旅也，用旅力然后舟行也。”这说明橹的出现至少是在汉代。

舵桨加长后操作方式从“划”演变为鱼尾式的“摇”，这就产生了中国特有的橹，因此有“划桨”“摇橹”之说。橹的发明是中国对世界造船技术的重大贡献之一。

## 3. 舟船定向工具。

（1）舵。

舵是航行设备上用于改变或保持航行方向的一种装置。最早用于船舶，是控制船舶航向的设备。《释名》中对舵的解释是：“其尾曰柁。柁，拖也，在后见拖曳也。”说明舵的位置在船尾，用途是扶正船的航向。

（2）磁罗经。

磁罗经又称“磁罗盘”，是利用磁针受地磁作用稳定指北的特性而制成的指示地理方位的仪器。它是在中国古代的司南、指南针基础上逐步发展而成的。在我国古代，由于航运事业的发展，逐渐采用磁罗盘导航。

### 4. 舟船靠泊工具。

（1）碇。

早期的系泊工具叫“碇”，用绳索将一块未经加工但其形状便于捆扎的石头，绑扎起来投入水底，利用石块的重量拖住船身。在我国浙江余姚河姆渡遗址中，曾发现新石器时代晚期的石碇，这是我国发现的最早的碇。

（2）锚。

停船用具，铁质。一端用铁链固定在船上，另一端有两个或两个以上带倒钩的爪，抛到水底或岸上，以稳定船体。

《天工开物·锤锻·锚》中描写了锚的用途及制造方法：“凡舟行遇风难泊，则全身系命于锚。战船、海船有重千钧者。锤法先成四爪，以次逐节接身。其三百斤以内者用径尺阔砧，安顿炉旁，当其两端皆红，掀去炉炭，铁包木棍夹持上砧。若千斤内外者则架木为棚，多人立其上共持铁链。两接锚身，其末皆带巨铁圈链套，提起捩转，咸力锤合。合药不用黄泥，先取陈久壁土筛细，一人频撒接口之中，浑合方无微罅。盖炉锤之中，此物其最巨者。”

## 三、“舟”“船”的发展过程

### 1. 先秦时期。

《周易·系辞》：“刳木为舟，剡木为楫。”“刳”是割开、挖空的意思，“剡”是削的意思。“舟”是指古代船舶的直系祖先——独木舟，它是一种用独根树干挖成的小舟。有了舟，人们又削木头做桨，以推进舟的行驶。人们将独木舟与桨相配合，可较随意地在水面上活动。1977 年，在浙江余姚河姆渡新石器时代遗址中，出土一柄用整木“剡”成的木桨。这表明大约在七千年前，我国已开始使用独木舟，同时也说明，我国发明和使用舟船的时间较车马出现的时间要早数千年。独木舟舟身浑然一体，严整无缝，不易漏水，不会松散，而且其制作工艺简单，故而沿用的历史很长。

我们的祖先制造出独木舟的同时，还把几根树木捆扎在一起，制成了木筏。与独木舟相比，木筏的使用面积大，制作起来也更容易。后又相继制成了竹筏、草筏和羊皮筏等。因为竹子质地坚韧，重量轻，中间空，浮力大，易捆扎，不怕在水中长时间浸泡，所以竹筏尤其受欢迎。

最早出现的木板船叫舢板，又叫“三板”。根据这一名字推测，它最初是用三块木板制成的，就是由一块底板和两块舷板组合而成。除了舢板这种单体木板船外，当时人们还受木筏制造原理的启发，造出了舫。《说文解字》中阐释：“舫，并舟也。”把两艘以上船的船体并列连接起来，可以增加船的宽度，提高船的稳定性和装载量。除此以外，历史上还曾出现过由多只船体构成的船只，这种船行驶平稳，上面可以建造庐舍，成为统治阶级出游时候的专用船。

战船是从民用船只发展而来的，但是战船既要配备进攻手段，又要防御敌方进攻，因此它在结构和性能上的要求都比民用船只高。吴国水军的战船是春秋战国时期最有名的，它包括“艅艎”“三翼”“突冒”“楼船”“桥舡”等多种舰艇。艅艎又写作“余皇”，是王侯乘坐的大型战船，战时作为指挥旗舰。可以说，战船代表着各个时期最高的造船能力和技术水平，也从一个侧面反映了当时的经济力量和生产技术水平。

**2. 秦汉时期。**

这一时期，我国造船业的发展出现了第一个高峰。秦始皇在统一中国南方的战争中曾组织过一支能运输 50 万石粮食的大船队。统一中国后，他又几次大规模巡行，乘船在内河游弋或在海上航行。

汉代以楼船为主力的水师已经十分强大。据说打一次战役，汉代中央政府就能出动楼船 2 000 多艘，水军 20 万人。舰队中配备各类战舰，它们各有分工、各司其职。“先登”在舰队最前列冲锋，“蒙冲”这种狭长战船则负责冲击敌船，“赤马”是快如奔马的快船，“槛”则是上下都用双层板的重武装船。楼船是最重要的船舰，是水师的主力。楼船是汉代有名的船型，它的建造和发展也是造船技术高超的标志。楼船即有楼的船，高 10 余丈，甲板上建楼数层，每层都有防御敌方射来的弓箭矢石的女墙（即矮墙），女墙上开有用作发射弓弩攻击敌方的窗孔。为了防御敌方火攻，楼船上蒙上皮革。船上除了高楼，还遍插旗幡，刀枪林立，以壮声势。

秦汉时期造船业的发展，为后世造船技术的进步奠定了坚固的基础。

### 3. 唐宋时期。

唐宋时期为我国古代造船史上的第二个高峰时期，标志着我国古代造船业进入成熟期。隋朝是这一时期的开端，造船业很发达，甚至建造了特大型龙舟。

唐宋时期，船体不断增大，制造工艺日益复杂，结构也更加合理。有的船上居然还能开圃种花种菜。宋朝为出使朝鲜建造了载重量 1 500 吨以上的“神舟”，且造船数量不断增多。唐朝的造船基地主要在宣城、镇江、常州、苏州、湖州、扬州、杭州、绍兴、临海、金华、九江、南昌、烟台、福州、泉州及广州等地。到了宋朝，东南各省都建立了大批官方和民间的造船工场，每年建造的船只越来越多，仅宁波、温州两地就年造各类船只 600 艘，吉安船场还曾创下年产 1 300 多艘的记录，造船工艺越来越先进。唐朝舟船已采用先进的钉接榫合的连接工艺，使船的强度大大提高。同一时期欧洲国家在造船时，连接船板仍使用原始的皮条绳索绑扎的办法。

宋朝造船修船已经开始使用船坞。宋代工匠能根据船的性能和用途的不同要求，先制造出船的模型，进而依据画出来的船图施工。这一时期还继承并发展了南朝的车船制造工艺。车船是一种战船，船体两侧装有木叶轮，一轮叫做一车，人力踏动，船行如飞。古代船舶多是帆船，遇到顶风和逆水时行驶就很艰难，车船在一定程度上克服了这些困难。它也是原始形态的轮船。

唐宋时期的舟船因其工艺先进、结构坚固、载量大、航运快、安全可靠等许多优点，在国际上享有很高声誉。外国商人往来于东南亚和印度洋一带，都乐于乘坐中国大海船，并且用“世界上最先进的造船匠”的语言来称赞中国船工。

### 4. 明清时期。

明代是我国造船业发展的第三个高峰。元代造船的数量和质量已经远远超过前代，且当时阿拉伯人的远洋航行逐渐衰落，在南洋、印度洋一带航行的几乎都是中国的四桅远洋海船。这一切都为明代建造五桅战船、六桅座船、七桅粮船、八桅马船、九桅宝船创造了十分有利的条件。

据考古发现和古书记载，明代造船的工场分布之广、规模之大、配套之全，是历史上空前的，达到了我国古代造船史上的最高水平。主要的造船场有南京龙江船场、淮南清江船场、山东北清河船场等，它们规模都很大。当时造船材料的验收以及船只的修造和交付等，都有一套严格的管理制度。正是有了这样雄厚的造船业基础，才会有明代郑和七次下西洋的远航壮举。明代的造船技术和工艺较前代又有了很大的进步，登上了我国古代造船史的顶峰。

伴随着欧洲资本主义兴起和现代机动轮船的出现，我国在造船业上享有的长久优势逐渐失去。

19 世纪中叶，我国一些接受西方科学技术的知识分子曾先后试制过轮船。1862 年，江苏无锡人士徐寿、徐建寅父子和华蘅芳等人到了安庆，一面学习，一面动手制造发动机。三个月后，一台蒸汽机造成了，试车结果，“甚为得法”。第二年，他们又试制一艘螺旋桨推进的小轮船，然而并未成功。1864 年，徐寿等人在南京“金陵军械所”继续努力，终于造出了我国第一艘轮船“黄鹄”号。这艘轮船的制造成功，振奋了中华民族精神，产生了很大的社会反响。同时，它的诞生也是我国古代舟船史的尾声。

# 第三节
# 中国古代水路交通知识拓展

**1. 郑国渠**。

郑国渠，古代关中平原的人工灌溉渠道，建于秦王政元年［一说十年（前 237）］。郑国渠自中山西“瓠口”（谷口，今陕西泾阳西北）引泾水东流，至今三原北会合浊水，利用浊水及石川河水道，再引流东经今富平、蒲城之南，注入洛水。渠长 300 多里，灌溉面积约 280 万亩。

战国末期，秦国欲有事于东方，首当其冲的就是韩国，而韩国却孱弱到不堪一击的地步。韩惠王在走投无路的情况下，采取了历史非常有名的“疲秦之计”，即派水利专家郑国入秦，游说秦国在泾水和洛水之间开凿一条大型灌溉渠，借此耗秦国的人力资财，削弱秦国军队。

当时，国家间的兼并战争十分剧烈，进行战争的是军队，支撑战争的却是经济实力。在战国时期，农业经济是处在主导地位的，要想在战争中立于不败之地，必须大力发展农业，提高粮食产量，以供长期的战争所需。秦国本来就想发展水利，关中又是秦国的农业基地，所以这一建议很快被采纳。秦王立即征集大量的人力和物力，任命郑国全权负责水利工程的修建。

在施工过程中，韩国“疲秦”的阴谋败露，秦王大怒，要杀郑国。《汉书・沟洫志》记载：“郑国曰：‘始臣为间，然渠成亦秦之利也。臣为韩延数岁之命，而为秦建万世之功。’”秦王政是位很有远见卓识的政治家，认为郑国说得很有道理，同时秦国的水工技术还比较落后，在技术上也需要郑国，所以仍然对郑国加以重用。经过十多年的努力，全渠完工，人称“郑国渠”。

水渠建成后，经济、政治效益显著，《史记》记载：“渠就，用注填阏之水，溉泽卤之地四万余顷，收皆亩一钟。于是关中为沃野，无凶年，秦以富强，卒并诸侯，因命曰郑国渠。”一钟为六石四斗，比当时黄河中游一般亩产一石半要高许多倍。

2016 年 11 月 8 日，郑国渠申遗成功，成为陕西省第一处世界灌溉工程遗产。

**2. 灵渠**。

灵渠，亦称“秦凿渠”“零渠”“兴安运河”“湘桂运河”，是中国古代著名水利工程之一，位于广西兴安境内。全长 34 千米。

秦始皇统一中原后，继续向岭南进军，为了避免翻山越岭的险阻以及被敌人偷袭的危险，并解决粮饷运输问题，从根本上取得战争的胜利，令史禄领导“凿渠运粮”工程，兴修水利以沟通湘、漓二水，连接长江和珠江两大水系，这就是灵渠。运输问题解决后，秦始皇得以向岭南增派援军，从而取得了完全的胜利，统一了岭南。

灵渠的斗门为船闸的先导，是世界上最早的通航设施。秦、汉以后，中原地区与岭南交通，多取道于此。

**3. 徐福东渡**。

徐福，亦作“徐市”，秦方士，字君房，琅琊（治今山东青岛市黄岛区琅邪台西北）人，一说今江苏连云港市赣榆区人。相传他是鬼谷子先生的关门弟子。

清人丘琼山《纲鉴合编》曾云：“始皇既平六国，凡平生志欲无不遂，惟不可必得志者，寿耳。”秦始皇为了实现长生不老的美梦，千方百计求仙药。一些方士投其所好，编织神仙之说，声称海上有仙人仙药，吃了仙药便可长生不死。徐福就是在这种情况下航行入海的。

《史记·秦始皇本纪》中记载了徐福东渡一事。秦始皇二十八年（前 219），秦始皇第二次出巡，大队人马登上泰山，立石刻碑，筑坛，祭天，又浩浩荡荡沿着渤海往东走，登上芝罘山树立石碑歌颂秦之功德。徐福等人给秦始皇上书，说海上有蓬莱、方丈、瀛洲三座神山，有仙人居住。希望能斋戒沐浴，带领童男童女前往寻觅。随后秦始皇根据徐福的要求，派童男童女数千人随他入海求取仙药。秦始皇三十七年（前 210），秦始皇东巡至琅玡，徐福推托说出海后碰到巨大的鲛鱼阻碍，无法远航，要求增派射手对付鲛鱼。秦始皇应允，派遣射手射杀了一头大鱼。之后徐福再次率众出海。

《史记·淮南衡山列传》中称，徐福第二次航海时，诈称仙人索取“百工之事”，秦始皇遂“资之五谷种种百工而行”。这次出海后，徐福来到“平原广泽”（可能是日本九州岛），他感到当地气候温暖、人民友善，便“止环来”。公元 7—8 世纪后，日本文献中有很多关于徐福的记载，并尊他为司农耕、医药之神。

徐福东渡的传说内容丰富，情节曲折，人物鲜活，反映了祖先寻求海外世界的愿望，谱写了中华民族最早的有组织、大规模的移民史。

**4. 京杭大运河。**

京杭大运河，亦称“大运河”，简称“运河”。中国古代水利工程。北起北京，南至杭州，全长 1 747 千米。公元前 5 世纪开始建造。它是世界上最长的一条人工运河，肩负着南北大量物资的运输交换，有助于中国政治、经济和文化的发展。

春秋时期，吴国为北伐齐国争霸中原，向北扩张势力，引长江水经瓜洲（今江苏扬州邗江区南部）北入淮河。这条联系江、淮的运河，从瓜洲到末口（今江苏淮安附近），当时称“邗沟”。这条运河就是京杭大运河的起源，是大运河最早的一段河道。后来，秦、汉、魏、晋和南北朝又相继延伸了河道。

隋朝时期，大体在邗沟的基础上拓宽、裁直，形成大运河的中段，取名曰“山阳渎”。在长江以南，完成了江南运河，这是大运河的南段。实际上，江南运河的雏形已经存在，并且早就用于漕运。“漕”是利用水路运送漕米到集中地点的意思。漕运是我国历史上一项重要的经济制度，在我国历史上形成过一套较完整的制度，并有相应的一套管理系统。早在秦汉时期，我国史书就已经有了关于漕运的记载，到了隋朝，漕运有了进一步的发展。据称隋炀帝为了到扬州看琼花，也为了南粮北运，下令开凿通济渠和永济渠。黄河南岸的通济渠工程，是在洛阳附近引黄河的水，行向东南，进入汴水，沟通黄、淮两大河流的水运。通济渠俗称御河，是黄河、汴水和淮河三条河流水路沟通的开始。隋朝的都城是长安，所以当时的主要漕运路线是：沿江南运河到京口（今镇江）渡长江，再顺山阳渎北上，进而转入通济渠，逆黄河、渭河向上，最后抵达长安。黄河以北开凿的永济渠，是以沁水、淇水、卫河等河为水源，引水通航，在天津西北利用芦沟（永定河），直达涿郡（今北京）的运河。

元朝定都大都（今北京）后，要从江浙一带运粮到大都。但隋朝的大运河，在海河和淮河中间的一段，是以洛阳为中心向东北和东南伸展的。为了避免绕道洛阳，裁弯取直，元朝就修建了济州、会通、通惠等河。明、清两代，又对大运河中的许多河段进行了改造。

京杭大运河的许多河段是利用原来的天然河流和湖泊，部分河段是人工开挖的，运河水流主要从沟通的天然河道中得到补给。1988 年底建成了京杭运河和钱塘江沟通工程，将海河、黄河、淮河、长江和钱塘江五大水系连成了统一的水运网。2014 年被列入《世界遗产名录》。

### 5. 郑和下西洋。

在我国古代海运史上，有一桩规模空前的远洋航行之盛举，这就是闻名中外的明朝太监郑和船队下西洋，亦称“三保太监下西洋”。从公元 1405 年到 1433 年，在近 30 年的时间里，郑和率领着巨大的船队，七次下西洋，途经亚洲、非洲 30 多个国家和地区，最远到达非洲东岸、红海和伊斯兰教圣圣地麦加。

郑和（1371 或 1375—1433 或 1435），明宦官、航海家。本姓马，一说原名文和，小字三保（亦作“三宝”）。云南昆阳（今昆明市晋宁区）人。回族。他祖父和父亲都到过伊斯兰教圣地麦加。郑和幼年就听到他的祖父和父亲讲述跋山涉水的历险经过，知道一些国外的风土人情和航海知识，并且立志长大后要航海到麦加去朝圣。

郑和明初入宫做宦官，后在朱棣发动的兵变中立下赫赫战功，赐姓郑，并升任为内官监太监，官至四品。

永乐三年（1405）六月，朱棣命郑和、王景弘率士兵 27 800 余人及 62 艘“宝船”出使西洋（指今文莱以西海域）。他们从苏州刘家港（今江苏太仓东浏河镇）出发，到占城（今越南南部）、爪哇（今属印度尼西亚）、苏门答腊（今属印度尼西亚）、锡兰（今斯里兰卡）等地，经印度西岸折回。

其间他们到达旧港（今印尼苏门达腊），时旧港广东侨领施进卿来报，酋长陈祖义抢劫掠夺商旅。郑和兴兵剿灭贼党，烧贼船，生擒陈祖义。永乐五年（1407）九月，郑和等人回国，将俘获的旧港酋长陈祖义献上。陈祖义被问斩，施进卿被封为旧港宣慰使，旧港擒贼有功将士获赏。

之后郑和又六次出使西洋，分别是1407—1409年、1409—1411年、1413—1415年、1417—1419年、1421—1422年、1431—1433年。这七次远航，可以分为前三次和后四次两个历史时期。前期三次的航海，船队航程主要以古里为限，活动范围不出东南亚和南亚，主要是为了同所到达的地区诸国建立和平友好关系，并为下一步向南亚以西远航建立中途候风转航的据点。后期四次航海，船队每次均驶往忽鲁谟斯（今伊朗一带）以远，开辟新的航线，同一些从来不通中国的亚非国家建立友好关系，打开中国到亚非各国的海上之路。

郑和下西洋的影响无疑是久远而巨大的。至今南洋一带到处都有关于郑和下西洋的遗迹，如爪哇有三宝（保）垅、三宝（保）洞、三宝（保）公庙等，泰国有三宝（保）寺。作为明代最具有开拓象征意义的郑和下西洋也一直受到后世史家的积极评价。已故著名史学家吴晗认为，郑和下西洋带来如下成果：一是在经济上有收获；二是在政治上弘扬了国威；三是进行了文化传播；四是增加了华侨移民。

经中华人民共和国国务院批准，自2005年起，每年的7月11日被定为中国的航海日，系取郑和首次下西洋之日期1405年7月11日。

## 单元学习活动

◎从古至今，船舶的类型有许多。相信通过本单元的学习，大家对中国古代船只的发展已经有了大概的了解。你们能否通过资料的查阅和搜集，整理出船舶的不同类型及其功能？

◎《楚河汉界》的历史典故你熟悉吗？类似关于水路交通的故事还有许多，以小组为单位，寻找故事，探寻故事背后的文化内涵。

# 第五单元

# 世界桥梁的杰作

# ——中国古代桥梁

# 第一节
# 中国古代桥梁的发展及基本类型

## 一、中国古代桥梁的发展

在人为建造桥梁之前，由于地壳运动或其他自然现象的影响，自然界形成了不少天然的桥梁形式，如浙江天台山横跨于瀑布上的石梁桥，江西贵溪因自然侵蚀而形成的石拱桥（仙人桥）。

人类从这些天然桥中得到启示，便在生存过程中不断仿效自然。一开始大概是利用木料在小河上及氏族聚居群周围的壕沟上搭一些独木桥，或在窄而浅的溪流中，用石块垫起一个接一个略高出水面的石蹬，构成一种简陋的“跳墩子”石梁桥。这些便是人类建造的最原始的桥梁。之后随着社会生产力的发展，它们不断由低级演进为高级，才逐渐产生各种各样的跨空桥梁。

从古至今，我国传统桥梁大致经历了四个发展阶段。

### 1. 创始时期。

先秦时期的桥梁除原始的独木桥和石梁桥外，主要有梁桥和浮桥两种形式。由于当时生产力水平落后，多数只能建在地势平坦、河身不宽、水流平缓的地段，桥梁也只能是木梁式小桥，其技术问题较易解决。而在水面较宽、水流较急的河道上，则多采用浮桥。

### 2. 发展时期。

中国古代桥梁的发展时期以秦汉时期为主，包括战国和三国时期。这一时期不仅发明了人造建筑材料的砖，而且创造了以砖石结构体系为主题的拱券结构，从而为拱桥的出现创造了先决条件。战国时期铁器的出现，促进了石料在建筑方面的多方面利用，使桥梁在原木构梁桥的基础上，增添了石柱、石梁、石桥面等新构件，由此石拱桥应运而生。在中国古代建桥史上，石拱桥的创建无论是在实用方面，还是在经济、美观方面都具有划时代的作用。石拱桥的发展，不仅减少了维修费用，延长了桥的使用时间，还提高了结构理论和施工技术的科学水平。因此，秦汉时期建筑石料的使用和拱券技术的出现，实际上是桥梁建筑史上的一次重大革命。据一些文献和考古资料显示，大约在东汉时期，梁桥、浮桥、索桥和拱桥这四大基本桥型已全部形成。

**3. 鼎盛时期。**

中国古代桥梁发展的鼎盛时期以唐宋时期为主，以魏晋南北朝及隋朝、五代时期为辅。隋唐时期国力较之前更为强盛，唐宋时期又取得了较长时间的安定统一，工商业、运输交通业以及科学技术水平等得到很大的发展，中国是当时世界上最先进的国家。东晋以后，由于大量汉人贵族官宦南迁，经济中心自黄河流域移往长江流域，东南水网地区的经济得到大发展，从而促进了桥梁的大发展。因此，这个时期创造出许多举世瞩目的桥梁，如隋代工匠李春首创的敞肩式石拱桥——赵州桥，北宋囚卒发明的叠梁式木拱桥——虹桥，南宋的石梁桥与开合式浮桥相结合的广济桥等。这些桥在世界桥梁史上都享有盛誉，尤其是赵州桥，类似的桥在世界上其他国家晚了 1 200 多年才出现。纵观中国桥梁史，能争世界第一的桥梁都是这个时期创建的。

**4. 饱和时期。**

元明清时期是桥梁发展的饱和期，这一时期几乎没有什么大的创造和技术突破，主要成就是对一些古桥进行了修缮和改造，并留下了许多修建桥梁的施工说明文献，为后人提供了大量的文字资料。此外，完成了一些如明代江西南城的万年桥、贵州的盘江桥等的艰巨工程；在川滇地区兴建了不少索桥，且索桥建造技术有所提高。到清末，即 1881 年，随着我国自建的第一条货运铁路——唐胥铁路的通车，我国桥梁史迎来了又一次技术大革命。

## 二、中国古代桥梁的基本类型

### 1. 按建桥材料分类。

中国古代桥梁种类繁多，若按照建桥的主要材料来区分，大约有如下四类。

（1）木桥。

木桥是最早的桥梁形式，先秦时期的桥几乎都是木桥。早期的木桥多为梁桥，如最早出现的独木桥、木柱梁桥。大约在商周时出现浮桥，战国前后又出现排柱式木梁桥和伸臂式木梁桥，秦代在渭水上建的渭桥为多跨梁式桥。木梁桥跨径不大，伸臂木桥虽然可以加大跨径，但因木材本身的特性，如质松易腐以及强度和长度不够等，不仅不易在河面较宽的河流上架设桥梁，而且也难以造出牢固耐久的桥梁。因此，从南北朝开始，木石混合桥梁或石构桥梁取代木桥。

（2）石桥、砖桥。

一般指桥面结构也是用石或砖料来做的桥，但纯砖构造的桥则极为少见，更多的是砖木或砖石混合构建，而石桥则较多见。春秋战国时期出现了石墩木梁的跨空式桥，西汉进一步发展为石柱式石梁桥，东汉出现了单跨石拱桥，隋代出现了世界上第一座敞肩式单孔弧形石拱桥——赵州桥。宋代是大型石桥蓬勃发展的时期，出现如泉州洛阳桥那样跨江接海和泉州安平桥那样长达2000多米的石梁桥。

（3）竹桥、藤桥。

主要见于南方，尤其是西南地区。一般用于河面较狭窄的河流上，或多建于水流急而不易建桥墩的陡岸险谷。其建造方法是在两岸建屋，屋内各设系绳的立柱和绞绳的转柱，然后将粗绳索若干根平铺系紧，再在绳索上横铺木板，有的还在两侧加一至两根绳索作为扶栏。如在今四川省成都市西南有一座笮桥，又名“夷里桥”，便是用竹索编成。

（4）铁桥。

铁桥在古代包括铁索桥和铁柱桥。前者较多见，后者极为少见。铁索桥由竹索桥和藤索桥发展而来。过铁索桥感觉非常惊险，但其实真正渡之还是安全的，正如《徐霞客游记》中对贵州盘江桥的评价：“望之飘然，践之则屹然不动。”

**2. 按桥梁形态分类。**

若按照桥梁的形态来区分，中国古代桥梁大约有如下五类。

（1）梁桥。

亦称“梁式桥”，是中国古代最早出现的桥梁，古时称“平桥”。它结构简单，外形平直，比较容易建造。把木头或石梁架设在沟谷河流的两岸，就成了梁桥。

（2）拱桥。

以拱为主要承重结构的桥梁。最早出现的拱桥是石拱桥，借着类似梯形石头的小单位，将桥本身的重量和加诸其上的载重水平传递到两端的桥墩。各个小单位互相推挤时，也增加了桥体本身的强度。

（3）索桥。

亦称“吊桥”“悬索桥”。其主要承重结构是悬挂的高强度钢缆索。缆索绕过桥墩上桥塔的顶部，锚固于桥身的两端或直接锚固于两岸岩石中。桥面用吊索挂在缆索上。

（4）廊桥。

顾名思义，就是有屋檐的桥。早期的桥梁大多为木桥，但木桥不耐长久风吹雨打，于是人们在桥上加建了顶盖，形成桥屋，以保护木制桥体。具有遮阳避雨、供人休憩、交流、聚会、欣赏风景等用途。

（5）曲桥。

园林中特有的桥式，故也称“园林桥”。是指桥面分为几曲，曲折迂回间向前延伸的桥。曲桥一般由石板、栏杆构成，石板略高出水面，栏杆低矮，建造成与水面似分非分、似隔非隔的形态，有含蓄无尽之意。其与径、廊均为园林中游人赏景的通道。有三曲、四曲、五曲乃至九曲之分，其中九曲桥蕴含着弯曲最多、最富吉祥的意思。

# 第二节
# 中国古代桥梁的基本组成和建造工艺

## 一、桥梁的基本组成

**1. 桥跨结构**。

又称“桥孔结构”，是在线路中断时跨越障碍的主要承重结构。跨越的幅度越大，桥跨结构就越复杂，施工难度也相应增加。

**2. 桥墩和桥台**。

桥墩是在河中或岸上支承两侧桥跨结构的建筑物。桥台位于桥梁两端，其一端支撑桥跨结构；另一端与路堤相衔接，防止路堤滑塌。

**3. 基础**。

保证墩台安全并将全部荷载传至地基的部分，通常被称为“基础”。它是确保桥梁安全的关键之一。由于基础往往深埋于水下地基中，在桥梁施工中是难度较大的一个部分。

**4. 支座**。

设置在桥墩（台）顶部的装置。其作用是支撑桥跨结构并将荷载传递到桥墩（台）上。同时保证桥跨结构按设计要求能产生一定的变位，以满足桥跨结构在荷载、温度变化或其他因素作用下的位移。

**5. 锥形护坡**。

在路堤与桥台衔接处，一般还在桥台两侧设置石砌的锥形护坡，以保证迎水部分路堤边坡的稳定。

**6. 其他附属工程。**

在桥梁建筑工程中，除了上述基本结构外，根据需要还常常修筑护岸、导流结构物等附属工程。

## 二、桥梁的主要建造工艺——浮运架梁法

传说北宋皇祐五年（1053），因为洛阳江入海口“水阔五里”，潮狂水急，“深不可址”，泉州知府蔡襄在倡建洛阳桥初期，天天为了如何才能使海水退去并建造稳固的桥基而发愁。一天，他梦见观音大士指点他派人向海龙王求助。蔡襄一觉醒来十分惊奇，立即给龙王写一封求助公文，并召集手下，急火火地问：“你们谁下得海?”未料话音刚落，立即传来一声应答：“小的夏得海!”

原来，一位差人姓夏名得海，误以为蔡大人叫他，便应声而答。不想却是派他前往海龙王处传递公文。夏得海虽然自己应了差，但知道是条死路，于是郁闷间买酒大醉，卧在海滩上。哪知一觉醒来，怀中黄色的公文袋变成了红色公文袋，于是连忙回府复命。蔡襄打开一看，只见上面写着一个“醋”字。蔡襄一拍大腿明白了海龙王的暗示：当月廿一日酉时可动工！果然，彼时海潮尽退，艰巨的桥基工程终于顺利完成。

虽然传说比较离谱，但能从中看到一些事实，比如：洛阳桥（又名“万安桥”）的建造与大海的潮汐密切相关；常规造桥术根本无法解决当时的施工难度，定要借助“神力”。那么“神力”是什么呢?

世界著名的科学史家和汉学家李约瑟博士在《中国科学技术史》中说：“中国古代桥梁，其中特别是福建一带的石桥，体量大，构件重，构筑科学，在任何地方都找不到能够同它们相比的。”中国著名现代桥梁专家茅以升在《名桥往谈》中分析说，洛阳桥“在中国首次大规模使用”船筏式基础和浮运法技术。原来，“神力”就是中国造桥工匠们在实践中总结经验并运用非凡的智慧发明的全新造桥法。

洛阳桥的建造过程是这样的：首先，在每月的海水最低潮时间，沿着桥的中轴线抛掷大量石块，形成一条连结江底的矮石堤；然后，在石堤上面垒筑两头尖的船筏形桥墩，桥墩一头迎潮水，一头迎江水，起到分水作用，缓解了不同时间来水对桥墩的冲击；最后，采用“激浪涨舟，浮运架梁”的妙法，在每月大潮时将载有巨大石梁的海船（一说特制的木排）靠泊在两个桥墩间，再利用落潮的时间，分毫不差地将这些重达数万斤的大石梁架在桥面上。在造桥的过程中，工匠们还专门在桥墩下养殖大量牡蛎，利用牡蛎的固着性，将桥基石和桥墩石凝结成牢固的整体。这种用牡蛎加固桥基的方法，是世界上率先将生物学运用于桥梁工程的例子。

## 第三节
## 中国古代桥梁的经典之作

### 一、中国古代十大名桥

**1. 卢沟桥。**

亦称“芦沟桥”。在北京市丰台区，跨永定河上。始建于金大定二十九年（1189），是一座石造联拱桥，长 266.5 米，宽约 7.5 米，由 11 孔石拱组成。桥侧建有石栏，上有精刻石狮 485 个。

**2. 广济桥。**

亦称“湘子桥”。位于广东省潮州市东门外，横跨韩江。始建于南宋乾道七年（1171），历时 56 年建成。原桥东西两端共 24 个桥墩，江心因水流湍急，以 18 只梭形木船搭成浮桥相连，能开能合，为中国最早的开合式大石桥。

**3. 五亭桥**。

位于江苏省扬州市，跨瘦西湖上。桥基为矩形大青石迭砌，用糯米汁胶合，坚固异常。桥身为拱券形，有 3 种不同样式的卷洞，共 15 孔，孔孔相通，从里往外看，可见一幅幅不同构图的风景画。

**4. 赵州桥**。

位于河北赵县城南洨河上，是古代一座单孔敞肩石拱桥。全长 64.40 米，桥面宽约 10 米，净跨径 37.20 米，拱圈矢高 7.23 米，弧形平缓，上设四个小拱，既减轻重量，节省材料，又便于排洪，且增美观。

**5. 鱼沼飞梁**。

位于山西省太原市晋祠内。“鱼沼”指鱼池，“飞梁”指桥梁，“鱼沼飞梁”既是桥梁的名称，又是对这座桥的位置和形态的生态概括。桥平面为十字形，造型独特，为中国现存古桥梁中的孤例。

**6. 程阳永济桥**。

亦称“程阳风雨桥”。在广西壮族自治区三江侗族自治县北程阳村林溪河上。建于 1916 年。桥身为廊屋式木结构。桥上建塔形楼亭 5 座，相互连接，可避风雨。其设计巧妙，形式优美，是侗族建筑艺术的精华。

**7. 大渡河铁索桥**。

即“泸定桥”。位于四川泸定大渡河上，中国现存最古老铁索桥之一。清康熙四十四年（1705）始建。桥净跨 100 米，净宽 2.8 米。铁索由 13 条锚固于两岸的铁链组成，其中 9 条并列，上面铺有木板，作为桥面，另外 4 条作两旁扶栏。

**8. 五音桥**。

位于河北省遵化市清东陵区内。桥面两侧装有方解石栏板 126 块，敲击栏板，能发出宫、商、角、徵、羽五节乐音。

**9. 颐和园玉带桥。**

位于北京颐和园昆明湖长堤上。建于清乾隆时期。主拱圈采用蛋形尖拱，配上双向反弯曲线的桥面。桥身采用青灰色白石，桥面上护栏为汉白玉精雕而成，洁白如玉，宛如玉带，故名。

**10. 安平桥。**

亦称“五里桥”。位于福建省晋江市安海镇，跨海湾与南安市水头镇相连。建于南宋绍兴八年至二十一年（1138—1151）。桥长 2 255 米，是世界最长的古代梁式石桥。

## 二、古诗词中的经典之桥

**1. 扬州二十四桥。**

有人认为，二十四桥是一座桥，因为曾有 24 个美人在桥上吹箫而得名；也有人认为，二十四桥是扬州城里 24 座桥的合称；还有人认为，“二十四”是虚数，是形容扬州的桥很多。哪种说法正确，现在已不得而知了。但只要提到二十四桥，就会想到扬州，说到扬州，也会想到二十四桥。

### 寄扬州韩绰判官

［唐］杜　牧

青山隐隐水迢迢，秋尽江南草未凋。

二十四桥明月夜，玉人何处教吹箫？

### 南乡子

［北宋］贺　铸

秋半雨凉天。望后清蟾未破圆。二十四桥游冶处，留连。携手娇饶步步莲。

眉宇有余妍。初破瓜时正妙年。玉局弹棋无限意，缠绵。肠断吴蚕两处眠。

**2. 扬州大虹桥**。

一桥引得千人吟。扬州还有一座桥，似无甚特别之处，但在历史上曾经引得数千人为之沉醉，并留下七千余首诗词，堪称奇迹。此桥即横跨于瘦西湖上的大虹（红）桥。

### 冶春绝句

［清］王士祯

红桥飞跨水当中，一字栏杆九曲红。
日午画船桥下过，衣香人影太匆匆。

### 虹桥

［清］爱新觉罗·弘历

绿波春水饮长虹，锦缆徐牵碧镜中。
真在横披画里过，平山迎面送春风。

**3. 苏州枫桥**。

位于苏州寒山寺旁，是一座跨古运河支流的单孔石拱桥。以其优美古朴的造型、独特的地理位置，在苏州众多的古桥中独树一帜。枫桥的始建年代已无法考证。

### 枫桥夜泊

［唐］张　继

月落乌啼霜满天，江枫渔火对愁眠。
姑苏城外寒山寺，夜半钟声到客船。

### 泊枫桥

［明］高　启

画桥三百映江城，诗里枫桥独有名。
几度经过忆张继，乌啼月落又钟声。

**4. 西安灞桥**。

亦作“霸桥”。位于西安市以东灞水上，是一座颇有影响的古桥。汉唐以来，长安人凡送别亲人与好友东去，多在这里折柳赠别，因此此桥也叫“销魂桥”。

### 忆秦娥

［唐］李　白

箫声咽，秦娥梦断秦楼月。秦楼月，年年柳色，灞陵伤别。
乐游原上清秋节，咸阳古道音尘绝。音尘绝，西风残照，汉家陵阙。

### 少年游

［宋］柳　永

参差烟树灞陵桥，风物尽前朝。衰杨古柳，几经攀折，憔悴楚宫腰。
夕阳闲淡秋光老，离思满蘅皋。一曲《阳关》，断肠声尽，独自凭兰桡。

## 单元学习活动

◎“文学的桥”“有故事的桥”，除了本单元介绍的这些桥之外，你还知道哪些桥？与大家一起分享吧。

◎逢山开道，遇水搭桥。“桥”在文学史上、在百姓心中，已经有了更深的内涵。请你结合生活实际，谈谈对“桥”的理解。

# 第六单元

# 民以食为天

# ——中国传统主食

## 第一节
## 自然环境对主食的影响

主食的不同，反映出当地自然环境差异对农作物的影响。中国总共划分为5个温度带和一个特殊的青藏高原区。不同温度带地区的热量状况不同，从而导致农作物的生长期长短不一，耕作制度和作物种类也有明显差别。

自然地理的多样变化，让生活在不同地方的中国人享受到截然不同的丰富主食。从南到北千变万化的主食不仅提供了人身体所需的大部分热量，更影响了中国人对四季循环的感受，带给中国人丰饶、健康、充满情趣的生活。

中国自古就出现了“南米北面”的独特主食格局。北方地区主要位于中温带和暖温带，主要种植小麦、玉米、谷子、高粱等。北方人爱吃的面食是由小麦磨成的面粉制作的。玉米、谷子和高粱都属于粗粮，其中谷子碾出来的就是小米，主要分布于黄土高原地区。北方人的早餐中经常会出现由玉米面制成的玉米粥，其营养丰富，深受人们的喜爱。南方地区位于亚热带和热带，主要种植水稻。水稻是一种对热量和水分要求比较高的农作物。米饭和米粉等南方人喜爱的主食主要是由大米生产出来的。

现在，除了极少数干旱贫瘠地区外，中国人的餐桌上永远以稻、麦两种农作物的制品为主角。馒头、面条、米粉、团子、馄饨、饺子等，都是稻、麦加工后的产品。

从一千多年前开始，稻、麦平分秋色就是这片土地的特色。然而，追溯到更多年前的时代，中国古人的主食又是怎么样的呢？

# 第二节
# 中国古人的主食

末次冰期结束后，东亚大陆上覆盖的冰层迅速消融。东亚大陆变得适宜人居，智人在东亚大陆的数量增加，分布范围也越来越广。然而，相较于东南亚温暖湿润的气候，东亚大陆寒冷的气候对人并不友好。即便是东亚大陆最靠南的珠江流域，也要面对食物短缺的冬天。大量人口要想在东亚大河形成的冲积平原上生存下来，单靠自然赋予的食物是远远不够的。

幸运的是，在东亚大陆上存在着数种野生的禾本科植物，这些植物的果实含有大量的以淀粉为主的碳水化合物。相对渔猎得来的肉食以及采集来的野生蔬果，禾本科植物的果实难称是珍馐美味，甚至还让人难以下咽。然而，这些貌不惊人的果实却可以稳定提供大量人赖以生存的热量。这些禾本科植物在未来的几千年间将持续为中国人提供能量来源，成为中国人生活中不可或缺的食物。

野生禾本科植物的果实作为食品往往存在极大的缺点，它们的籽粒普遍相当细小，也存在一些利于自身繁殖而不利于人食用的特征。野生粟（狗尾巴草）成熟后，穗上的籽粒会自动散下落回泥土。这种有利于野生粟在第二年继续生长的特征却能给试图收获籽粒的人带来极大的麻烦。

经历种种辛苦收集来的野生粟籽，不但颗粒小难以加工，而且味道相当差，还容易产生种种消化问题。这也无怪乎后世只有在发生大饥荒的时候，才会有人勉强尝试食用野生粟。

要想让东亚大陆上自由生长的野草成为中国人赖以生存的农作物，长期的驯化必不可少。在中国古人试图让禾本科植物更适合为人所食用的过程中，东亚农业的雏形就出现了。

## 一、黍

黍是中国人最早的主食。在中国北方，最早被驯化的农作物是黍，也就是现代中国人所说的糜子。

黍的祖先是哪种野草至今尚未有定论。类似黍的野草广泛分布在欧亚大陆。上古时期，位于黄河中游两岸，今天河南以及河北的华夏人群先祖开始人工种植黍，这是农业第一次在中国北方出现。而靠着种植黍，这些人有了稳定的食物来源。在随后的数百年时间里，种植黍的范围逐渐扩大，东边沿着黄河扩散到下游，即今天的山东一带，西边则溯河而上，沿黄河及渭河进入关中盆地，直达甘肃东南部。

作为现代农作物，黍存在很大的缺点，它产量较低，即便在水肥条件很好的情况下也难以增产。但是在干旱贫瘠的土壤中，黍仍然能维持较为稳定的产量。生长期短暂的黍几乎是最为省水的谷物，且抗病能力极强。对于中国北方的先民而言，驯化黍的意义非凡。

这些沿着渭河和黄河的黍农奠定了日后华夏文明的基础。黍作为中国北方主食的历史持续了数千年。东周时期，西周遗民在路过已化为废墟且长满黍的宫室时，作《黍离》，发出了“彼黍离离，彼稷之苗”的哀叹。自此，黍就与亡国之哀结了缘。

## 二、粟

粟的驯化比黍要稍迟一些。农业刚刚起步时，中国北方地区正经历一段气候干燥而寒冷的时期。虽然粟和黍都是旱地作物，但粟的抗旱和耐贫瘠土壤能力和黍不可同日而语。黍在年平均气温 6～10 摄氏度、降水量 350～450 毫米的环境下生长最好。而粟则更喜欢年平均气温 8～10 摄氏度、降水量 450～550 毫米的环境。随着气候逐渐湿暖，粟从华北平原东部气候较温暖湿润的地方开始向西扩散。

一旦种粟变为可行，它相对黍而言产量稍高的优点就变得非常重要。更高的产量意味着能养活更多的人，能支撑规模更大的群落以及更为复杂的社会形态。长期种植黍、粟，终于使得华夏先民成为在东亚众多族群中率先脱颖而出并进入文明时代的族群。

## 三、稻

在上古时期的中国南方，也有一群人在另外一种作物的支持下快步迈向文明时代。这种作物至今仍维持着中国人主要口粮来源的地位。它就是稻。

当今中国一半以上人口的主食是大米。东北人和南方人一样以米为主食自不必说，即使华北地区，历史上也曾大量依靠南方北运的稻米解决粮食问题，所以说“稻”是中国的第一粮食作物不为过。

野生稻在哪里被驯化为栽培稻有三种说法，一说在长江中下游地区，一说在华南地区，一说在云贵高原。这三块区域都发现了栽培稻的植物化石，而且在上古时期均有野生稻分布。

同野生粟一样，野生稻的籽粒在成熟后也会自动脱落。所以中国南方的先民开始收集野生稻的种子作为食物。这种潜力巨大的植物很快就体现出了它的价值，于是中国南方地区的先民很快开始了人工种植稻的尝试。野生稻不便收集食用的特征在驯化的过程中逐渐消失，其未成熟时张开的穗变得闭合，芒也缩短消失，籽粒颜色则由深色变为白色。经历这些改变之后的栽培稻成为中国南方先民无可替代的主要粮食作物。

和中国北方地区黍、粟两种农作物竞争不同，中国南方地区自稻被驯化以来就几乎没有任何可与之相提并论的粮食作物。在南方雨水充沛的自然条件下，稻的优势异常明显，以至没有任何潜在的竞争作物。稻在中国南方是从古至今具有绝对优势的粮食作物。

稻自被驯化之后，也向着中国北方地区扩张。到商朝时期，稻甚至一度传入今天的辽宁一带。虽然之后随着气候等条件变化，北方稻作农业时而扩大，时而缩小，但稻作为华夏人主要粮食之一的地位始终没有改变。

## 四、麦

周朝开始，中原地区的华夏人群和西域的原始印欧人群分别扩张。在双方的交流下，一种起源于西亚地区两河流域（伊拉克幼发拉底河和底格里斯河）的作物传入中国。这种作物在其后两千年里逐步取代了粟和黍的地位，更在宋朝以后成为中国北方最主要的粮食作物。华夏人将新作物命名为“麦”。

麦在春秋时期已经在中国北方广泛种植。《左传》中记载：有巫师预言晋景公吃不到来年的新麦，于是到了第二年麦收时节，晋景公把巫师喊来，说自己马上要吃到麦子了，巫师是妖言惑众，并将其处死。然而正当晋景公要吃下新麦时突然感到腹痛，在如厕时，不幸坠入茅坑身亡，终究没能吃到麦子。

毫无疑问，麦的传入产生了极为深刻的影响。然而华夏人群的人口优势在麦传入前早已奠定，黍、粟对此厥功至伟，麦顶多算是锦上添花了。

在黍、粟、稻、麦的帮助下，东亚地区人口膨胀，大河冲积平原上的森林、草地、沼泽等让位于农田。相对于以渔猎采集为主的祖先，农业出现后人类的平均身高和体重都大大下跌。虽然黍、粟、稻、麦能够通过自身所含的碳水化合物为人类提供热量，但是它们无法提供蛋白质、脂肪、部分矿物质及纤维素，营养价值相对较低。

但是，通过种植这些作物，人类可以较为稳定地生产大量食物，使得那些在生存线上挣扎的农民能繁衍出更多的人口。伴随人口膨胀，社会结构愈发复杂，技术的进步使农民战胜了那些仍然以渔猎采集为生的先民，成为笑到最后的胜利者。

### 单元学习活动

◎你的主食是什么？在你的印象中，中国有哪些主食？

# 第七单元

# 源于生活，表达心灵

# ——中国传统杂技

# 第一节
# 中国传统杂技的发展历史

杂技在中国已有2000多年的历史了。其在汉代被称为“百戏”，南北朝后也叫做“散乐”。唐宋以后，为了区别于其他歌舞和杂剧，才被称为“杂技”。在我国古代文献中，很早就有关于杂技的各种表演形式了，如手技、顶技、踩技、车技、走索、爬竿等。隋炀帝时设立太常寺，专门教授杂技。到了宋代，有人能表演挑一担水在绳索上行走的绝技，可见当时的杂技水平之高。

杂技，“杂”指多样，“技”指技艺，即各种技艺的意思，是包括各种体能和技巧的表演艺术。《简明不列颠百科全书》称它是“一种有悠久历史的专门艺术，包括跳、身体技巧和平衡动作，较晚时又使用长杆、独轮自行车、球、桶、绷床及吊架等器械”。

## 一、杂技的萌芽

大约在新石器时代，中国的杂技就已经萌芽。原始人在狩猎中形成的劳动技能和在自卫攻防中创造的武技与超常体能，在休息和娱乐、表现其猎获和胜利的欢快时，被再现为一种自娱游戏的技艺表演，这就形成了最早的杂技。

杂技学术界认为，中国最早的杂技节目是“飞去来器”。飞去来器是用硬木片削制成的十字形猎具。原始部落的猎手们常用这种旋转前进的武器打击飞禽走兽，并在不断的抛掷中，发现不同的十字交叉在风力的影响下能够回旋“来去”，于是它就成了原始部落氏族盛会中表演的节目。

杂技中的很多节目是生活技能和劳动技术、武术技巧的提炼和艺术化。“飞去来器”这个节目至今在民俗活动中传承着，在内蒙古草原一年一度的“那达慕”盛会上，就有飞去来器的竞赛。这个竞赛是以投掷的远近和击中目标的准确程度来评定优劣的。杂技演员把体现猎技的飞去来器进行艺术加工，形成一种巧妙神奇的艺术节目，这种节目至今在舞台表演中深受观众喜爱。由于杂技来源于五彩缤纷的现实生活，“杂”成为它的整体特征，故而“杂技”之名就在历史长河中被确定下来。

## 二、杂技的演化

### 1. 春秋战国时期的诸士善技。

春秋战国时期（前770—前221），在中国辽阔的大地上出现了许多诸侯国，它们在争强称霸的争斗中，都注意笼络人才。这些人才被称为门客，他们中有的是出谋划策的谋士，有的是武艺高强的武士。春秋战国时期，很多杂技的创造者是诸侯的门客和武士，他们以一技之长，投身公卿大夫，并不完全为了表演，而是为了在关键的时候，以其技辅助主人，创造出一些轰轰烈烈的事业。所以，诸士善技是春秋战国时期的特点。列国兼并激烈，群雄角逐，竞相养士，这些士中很多是身怀奇技异巧的人或勇力过人的大力士，这就为杂技的正式形成提供了技术基础。

战国四公子及秦相吕不韦养士皆以千计。这里面武士、甲士、力士都为杂技的发展提供了条件。孔子的父亲叔梁纥，以力闻名诸侯，曾双手托住城门的千斤闸，保证了公元前563年诸侯征伐偪阳城的胜利。与他同时参加战斗的狄虎弥和秦堇父不仅是力士，还有类似杂技的技术。狄虎弥把大车之轮拆了当盾牌，左手拿着车轮舞动，右手拿着戟进攻；秦堇父则能蹬着从城堞上悬下的布索登城。叔梁纥的举重、狄虎弥的舞轮、秦堇父的爬布，正是汉代杂技“扛鼎”“舞轮”“缘绳”的先声。

《史记·孟尝君列传》记载：齐国公子孟尝君被秦王请到秦国软禁起来，孟尝君欲逃归，于是托人向秦王宠妃求情，那妃子要孟尝君送她名贵的白狐皮袄。孟尝君只有一件白狐皮袄，并且已经送给了秦王，因此很为难。幸好他带的门客中有位善缩身之术者，从狗洞爬进王宫偷出了那件皮袄。这位门客之技可谓后世杂技“钻圈钻筒”之始。妃子得了白狐裘，说动了秦王，放了孟尝君，但孟尝君刚走，秦王又后悔了，派兵追杀他。孟尝君率众到了秦国边关，该关规定鸡鸣才开门，时值半夜，鸡自然不会叫，追兵立刻即至，可谓危在旦夕。幸好孟尝君的门客中有位口技家，他的几声惟妙惟肖的鸡叫，引得四郭荒鸡齐鸣，守关人迷蒙中以为到了开关时刻，于是开关放人。孟尝君因此得以逃离秦国。

《列子·周穆王》载："周穆王时，西极之国有化人来。"所谓化人，就是幻人。他能够自由出入水火，随意贯穿金石，悬空不坠，穿墙入壁。这些都是幻术节目。

《列女传》还记载了战国时代的遁术：齐宣王有次在宴饮中与钟离春闲话，钟离春故意炫技吸引宣王，说："窃常喜隐。"齐宣王说："隐，固寡人之所愿也。试一行之。"齐宣王话还没有说完，钟离春突然不见了。这位钟离春显然是位善为遁术的方士之流的人物。春秋战国诸士善技为秦汉杂技的鼎盛提供了得天独厚的条件。

**2. 秦汉时期杂技引入宫廷**。

秦代（前 221—前 207）把民间流传的角抵戏引入宫廷。汉代（前 202—220）更将角抵戏发展为包括多种乐舞杂技节目的角抵百戏，其中"鱼龙曼延"等节目盛极一时。

根据记载，汉武帝为了显示国家的富庶广大，在元封三年（前 108）的春天，举行了盛大的宴会和赏赐典礼。宴会中，不仅有各种百戏技艺，还有外国杂技艺术家献技。例如，安息（古代波斯）国王的使者带来了黎轩（西域古国）的幻术表演家，表演了吞刀、吐火、屠人、截马的魔术节目。

异域奇技丰富并发展了汉代杂技。自此，在汉皇室每年举行的此类活动中，必有杂技表演，且持续演出达 64 年之久，直到汉元帝初元五年（前 44）才停止。

汉末曹操统一北方，胸怀一统天下大志的他特别注意收揽人才。对于方士之流的人物，他竭力搜罗于自己身边，恐这些人利用幻术奇伎行邪作蛊，倡乱或为敌所用。所以，他一闻有异术者即必招来，左慈、甘始、郗俭等著名方士均被其笼络身边，这客观上给幻术的交流、发展和提高创造了条件。《后汉书·左慈传》记载了左慈的种种幻术表演，说明当时幻术已发展到极高水平。

**3. 唐宋元时期的乐舞杂技空前繁盛。**

唐代（618—907）是中国封建社会经济较发达的时期，乐舞杂技艺术空前繁盛。唐代的诗人墨客中不少人吟咏过杂技艺术。白居易有“舞双剑，跳七丸。袅巨索，掉长竿”之句，元稹亦有“前头百戏竞撩乱，丸剑跳掷霜雪浮”的诗句。

唐代杂技出现了许多技艺高超而美艳动人的女杂技艺人，前面诗中的女艺人被称“掖庭美女”，说明她是宫廷艺人。唐人所著《封氏闻见录》也描写了宫廷的绳技、高跷及“踏肩蹈顶至三四重”的高超技艺。唐太宗李世民亲自指导大臣排练的《秦王破阵乐》是唐代极有名的乐舞，名声远播海外，其中的武技与马术即与杂技相通。更有幽州女艺人石火胡把《秦王破阵乐》引入杂技艺术的顶竿之技。她和五个女童和着音乐的节拍在弓弦上俯仰来去，轻捷如燕。这场表演融合了歌舞、走索与顶竿之技，真是花样翻新。

唐代的马戏与幻术均极发达，除各种马上技艺外，还有驯马为马舞的表演。唐代幻术戏法在民间广泛流传。唐代蒋防《幻戏志》载：“乃于席上以瓦器盛土种瓜，须臾引蔓生花，结实取食，众宾皆称香美异于常瓜。”这位杂技艺人还会纯手法的杂技戏法：“又于遍身及袜上摸钱，所出钱不知多少，投井中，呼之一一飞出。”

唐代杂技将多种技巧糅和在一起，充分展示杂技超凡入圣的特点。除了前边提到的融歌舞、走索与顶竿之技于一炉的石火胡的竿上《秦王破阵乐》，马术也把“冲狭”的高超技艺融合进来。唐代赵璘的《因话录》记有“透剑门伎”，说用锋利的刀剑编扎成狭门过道，表演者乘小马从刀丛剑林之间穿驰而过。如果技艺不精，坐骑驾驭不灵，触及刀剑，人马立毙。这个“透剑门伎”，实际上就是由汉代的“冲狭”发展而来的，它与马术结合起来，就成了一项在冷兵器时代超卓而有用的技艺了。

宋代（960—1279）是都市经济发达、市民阶层强大的时代，像汉、唐那样以皇室和国家组织的大型杂技演出已经少见，相反在繁荣的城市，如北宋的都城汴梁、南宋的都城临安都有各种街坊、市场的演出场所，当时称

“瓦子”“乐棚”。

元代（1271—1368）是中国的少数民族蒙古族建立的统一的大帝国，它虽然只有不足百年的历史，但对中国各民族的艺术交流产生了有力的影响。中华艺术史上的奇葩——元杂剧，就是在元代繁盛起来的。“杂剧”所以有此名称，有研究者认为，就是当时的戏剧艺人和杂技艺人同场献艺，在戏剧演出中吸收或穿插了不少杂技演出的原因。这从山西省右玉县宝宁寺保存的元明时代水陆画中也可以看出。

### 4. 明清杂技的迁移与精进。

明代（1368—1644），杂技与舞蹈等传统表演艺术很少在宫廷演出，宫廷中基本没有杂技演出的记载，只有《明宪宗行乐图》中有杂技表演的形象。

清代（1644—1911），杂技艺人进一步沦落江湖，戏曲却勃兴起来，特别是自 1790 年“四大徽班”进京之后，戏曲武打戏对杂技武艺的吸收成空前之盛。最终形成以武戏招徕观众的繁荣景象。

跟斗本来是杂技技巧中的重要一项，在清代戏曲中，它被戏曲表演所吸收化用在方方面面。明末清初，徽班武打就有“剽轻精悍，能扑跌打”的评价。徽班进京后，每场演出必有专重跌打扑斗的武戏。从当时在北京看过徽班演出的人记载看，他们是吸收了不少杂技技巧的。

清代杂技艺人漂泊江湖，生活凄苦，但出于对先辈艺术的挚爱和对人生的追求，他们在艰难的环境中，保持和发展了自己的艺术，使“蹬技”和“古彩戏法”有了新的创造，也使“耍坛子”“剑、丹、丸、豆”等系列幻术达到了极高水平。

## 三、新中国把杂技视为文化交流的使者

1949 年以后，杂技更成为中国人民与世界各国人民文化交流的使者。周恩来总理曾亲自过问组建中国国家杂技团的事情。1950 年，中央文化部聘请罗瑞卿、廖承志、田汉、李伯钊等七人组成筹备杂技团工作组。当时从上

海、天津、北京、武汉征集了一批优秀杂技节目，并邀集知名艺人来北京会试。从中挑选了一批富有民族特色的杂技节目，在李伯钊、周巍峙等新文艺干部的直接指导下，经过一个月的集训，编排出新中国第一台杂技晚会。在中南海怀仁堂举行汇报演出时，受到了毛泽东、刘少奇、周恩来、朱德等中国国家最高领导人的肯定和鼓励，并当场决定由这批艺人组成一个团体，出访苏联和欧洲各国。周恩来总理将该团命名为“中华杂技团”。1953 年正式建团，改称“中国杂技团”。

在中国古代工艺品中，常常可以看到杂技的生动形象，画师们也喜欢把杂技演出作为绘画的重要内容。这些保存下来的艺术珍品，如实地反映了当时的杂技情况，同时也说明了杂技在人民的生活中，占据了何等重要的位置。

## 第二节
## 历史悠久、精彩纷呈的传统杂技

在数千年的演化中，中国传统杂技在历史传承中积累了许多宝藏。

### 一、角抵戏

又称“百戏”，是一种历史悠久的传统民俗娱乐表演艺术，秦汉时期为盛，其典型套路是表现人与兽斗。狭义的角抵是指角力、争交相扑之类以力量较量为主的节目，后来演变为杂技。

角抵戏的内容是非常丰富的，不仅包含角力、射箭、驾车等项目，还包含大量的杂技项目。从东汉张衡的《西京赋》、李尤的《平乐观赋》以及大量汉代画像石（砖）、陶俑中，可以了解角抵戏生动的形象。

## 二、耍酒坛和蹬技

“耍酒坛”这个节目极其古老，一直流传到今天。中国自古就有用陶制瓦盅酿酒和保存谷物的传统。美酒酿成或谷物丰收之后，先民们情不自禁地将这些陶制的坛子、盆等抛在空中，再用手承接，进而头顶肩传，加以旋转，形成一种高难技巧，变为“耍酒坛”的杂技节目。

轻重并举，通灵入化，软硬功夫相辅相成，是“蹬技”的重要艺术特点。“蹬技”多数由女演员表演。演员躺在特制的台上，用双足来蹬。至于蹬何物体，可以说包罗万象，但最多的是绍兴酒坛和酒缸。宋代的“踢弄”杂技中，就有“踢酒缸”的节目。明代的“蹬技”形式多样，风俗画中有双足蹬酒缸，双手敲钱，边唱边蹬。明代《明宪宗元宵行乐图》中，也画有三组蹬技，极为精彩。

## 三、古彩戏法

历史悠久的民间艺术。自南宋以来，杭州的瓦舍、街头以及喜庆堂会都有演出。表演者在变戏法时都遵循传统，一直穿大褂表演，表演前必须上、下、反、正都要亮相，把盖布里外让观众看过。艺人讲究“八字真言”，即“捆、绑、藏、掖、撕、携、摘、解”。后台做准备工作时用捆起、绑好、埋藏、掖夹，前后使活时用撕烂、携带、摘下、解开。

古彩戏法在形式和内容上都有自己的独特风格。戏法演员大都身穿长袍，道具如鱼缸、瓷碗、花瓶、火盆等全部带在身上。表演内容按照中国民俗，大都有庆贺吉祥之意。

## 四、中幡

起源于我国古代皇室仪仗队的旗杆，后演变成民间庙会中的表演节目。耍中幡、舞中幡是中国民间传统杂技项目。清乾隆年间，中幡会属于镶黄旗佐领，属于内八档会之一，且受过皇封。

中幡装饰华丽，具有仪仗特色，又可用于比赛力量。它的主干是一根 10 米多长的竿，竿顶悬挂着标旗。考究的中幡还会在竿顶加上一层乃至数层由彩绸、锦缎、响铃、小旗、流苏等组成的圆形装饰物，被称为瓔珞宝盖。从技艺角度来看，中幡包括手法和腿法，不仅练人的胆量、力量和技巧，还需要文武兼备，此外中国式摔跤、气功等技艺也是练习中幡的基础。中幡的动作有霸王举鼎、老虎撅尾、苏秦背剑等。

## 五、抖空竹

原是一种中国民间游戏。空竹一般为木质或竹质，中空，因而得名。明代的《帝京景物略》中就有空竹玩法和制作方法的记述。后经加工提高，有了竞技性质，并成为传统的杂技项目。它是中国传统杂技中，以简单小巧、信手可得的物件练出高超技艺的代表节目。

空竹一般分为双轮空竹和单轮空竹。抖空竹集娱乐、游戏、健身、竞技和表演于一体，技法多样，种类繁多，还有双人、多人等众多集体花样。北京抖空竹历史悠久，技术技巧成熟完备，是抖空竹传承和发展最具代表性的地区之一。

1986 年，中国杂技团凭借“抖空竹”荣获“明日杂技艺术节法兰西共和国金奖”，为中国赢得巨大荣誉。

## 六、转碟

中国杂技的传统节目之一。表演时，演员双手各握二至七根细竿，细竿各顶一个碟子的底，借腕力使之飞快转动，要求在做筋斗、背剑、叼花、单臂倒立等难度很高的动作时碟子不得跌落。

1983 年 1 月，在第六届“明日”世界杂技节中，杭州杂技团的吴民等荣获“法兰西共和国总统奖”。杭州杂技团表演的“转碟”不落窠臼。主要演员吴民双手转动十二只碟子，头抵皮球做倒立，两手碟子旋转不落。接着相继登场的演员，或一只手转五碟，另一只手在吴民头上起单手顶，或脚踏吴民头顶，在空中双手转碟，与吴民手中的转碟交相辉映。最精彩的是陈兴娟，她双手转动十四只碟子，口咬一个铁架，架上平放一块木板；另一位演员双手转动六碟立于板上，身躯后仰，用嘴叼起插在铁架上的一枝绢花。

## 七、叠罗汉

一种游戏、体育活动或杂技表演，由两个以上的人层层叠成各种样式造型。一般常出现于杂技特技表演、啦啦队表演以及舞蹈表演之中。因像古代由多层盘腿而坐的罗汉组成的造型，故名“叠罗汉”。大型叠罗汉在表演活动中，有着各式各样的技巧和造型。

## 八、晃板

晃板是杂技表演中常用的平衡技道具。它是一个厚板跟圆桶的组合，板放在圆桶上，而人可站立其上。因为圆桶会滚动，站在上面的表演者必须有良好的平衡感才能维持站在上面。有些杂技师会在板下叠更多层的圆桶，使得晃板不但会左右摇晃，还会前后摇晃，从而增加表演的难度。各种类型的杂技表演都可以跟晃板结合，包括常见的丢掷技、操控技、体操跟柔术等。一个晃板也可以同时由多人使用，例如两个表演者可以同时站在晃板上，凭借他们的默契共同维持平衡。

## 九、柔术

中华民族源远流长的一种艺术表现形式。新中国成立后，周恩来总理将它正式命名为“杂技柔术”。它与中国的戏剧艺术一样，门派、种类繁多，具有深厚的民族文化底蕴。

或许大家不了解柔术，但大概都知道一些杂技中有滚灯等项目。滚灯就是柔术的一种表演方式。所以，柔术隶属于杂技。与一般的杂技不同，柔术更多的是追求人的灵魂感受。一般杂技通过对人的大脑和四肢的训练达成而柔术以对人的疼痛训练著称。

## 十、飞去来器

又名“回旋镖”“自归器”“飞去飞来器”等，顾名思义就是飞出去以后会再飞回来。它的形状有“V”字形、香蕉形、钟形、三叶形、“十”字形、多叶形等。

据说，飞去来器是澳大利亚土著人传统的狩猎工具。2000 年，第 27 届奥运会在澳大利亚悉尼正式举行。在这场盛会中，澳大利亚土著人携带飞去来器，登上了体育舞台。而据杂技学术界考证，中国最早的杂技节目就是“飞去来器”。飞去来器被作为演出道具已经有几千年的历史，甚至可以追溯到新石器时代。

## 十一、绳技

中国古老杂技的一种，俗称“走索”“走钢丝”等。中国的绳技，由西域传入。天竺国人舍利，不但是魔术祖师，而且还是绳技的祖师爷。在《晋书·乐志》里，便有舍利玩绳技的记载。记载说：“后汉天子受朝贺，舍利从西来，献于殿前，以两大绳两柱头，相去数丈，两倡女对舞，行于绳上，相逢切肩而不倾。”据此可见，当时舍利还训练倡女踏绳索歌舞。但这无非是杂技表演，不足为奇。

## 十二、口技

优秀的民间表演技艺，杂技的一种。起源于上古人们狩猎时，模仿动物的声音以骗取猎物获得食物的行为。据《史记·孟尝君列传》记载，战国时期孟尝君夜闯函谷关的故事中出现的“鸡鸣狗盗”最早将口技运用到了军事。到了宋代，口技已成为相当成熟的表演艺术，俗称“隔壁戏”。表演者用口、齿、唇、舌、喉、鼻等发声器官模仿大自然中的各种声音，如飞禽猛兽、风雨雷电等，使听的人具有身临其境的感觉。代表作品传统节目有《二鸟争食》《推小车》等。

2011 年 5 月 23 日，口技经国务院批准列入第三批国家级非物质文化遗产名录。

## 十三、顶碗

中国的一项传统杂技节目。根据相关考证发现，早在二千年前的汉代就已经出现了顶碗表演。在河南南阳汉墓中出土的石砖上，就刻有“顶碗单手倒立”的生动形象。

在表演时，演员不仅要头部顶一摞瓷碗，还要表演劈叉、金鸡独立、别元宝、倒立等高难度动作。20 世纪 50 年代以后，发展了对手顶碗、软腰顶碗、高梯顶碗、四人造型顶碗等形式。创造出的高难动作还包括拐子倒立脚面夹碗、蹬碗单臂倒立斜拉叉、脚举碗乌龙绞柱、单腿举碗站头射雁、三尖双重卡脖顶挂人等。顶碗在表演形式上，分为单人表演和多人（双人或三人）表演两种类型。

## 十四、马戏

杂技门类之一。通常指马术和训兽表演。演员驾驭或指挥经过驯练的动物表演各种技巧动作。据《周礼》记载，周代宫廷曾设有专职负责掌管动物训练的人员，并通过教导、追引、刺激动物，使它们服从指挥，而其中最有成就的就是驯马。

以马戏为代表的民间传统动物戏，在明清时期杂技表演中更为普遍。随着 19 世纪 60 年代西方马戏技艺的传入，经过中国人的吸收、改造，中国传统马戏技艺更为多样化，内容更为丰富。2008 年，马戏经国务院批准列入第二批国家级非物质文化遗产名录。

# 第三节
# 中国传统杂技的分布与特色

中国传统杂技历史悠久，源远流长，是中华民族的优秀文化遗产。中国的“杂技之乡”有多个，像山东聊城、江苏建湖、河南周口、湖北天门、安徽广德、天津武清、河北吴桥等。但是，就历史、民间基础和国内外的影响而言，最著名的要数河北吴桥了。

吴桥素有“杂技之乡”“杂技艺术的摇篮”的美誉。中国吴桥国际杂技艺术节是以“吴桥”命名的国际性艺术盛会，由文化部和河北省人民政府共同主办。该艺术节创办于 1987 年，每两年一届，是中国杂技艺术领域举办历史最长、规模最大、规格最高的国际杂技艺术节。

中国传统杂技概括起来有九大特色。

**1. 特别重视腰腿顶功的训练。**

中国杂技自古重视顶功。汉代画像砖石和壁画、陶俑中，有许多拿顶和翻筋斗的形象。中国杂技艺人，即使是表演古彩戏法的演员也要有扎实的武功基础，这就是“文戏武活”。没有扎实的武功，在大褂里卡上上百斤的道具，还要从容自若地翻着筋斗是不可能的。

**2. 险中求稳、动中求静，显示了冷静、巧妙、准确的技巧和千锤百炼的硬功夫。**

如“走钢丝”中种种惊险的表演，都要求稳；“晃板”“晃梯”之类，凳上加凳，人上叠人，但顶上的人必须在动荡不定的基础上求平求静，必须有极冷静的头脑和高超的技艺。

**3. 平中求奇。**

以出神入化的巧妙手法，从无到有，显示人类的创造力量。这个艺术特色在“古彩戏法”中表现得最为突出。中国戏法与西洋魔术最大的区别就在于魔术讲究运用声光道具，台面上金碧辉煌；表演中国戏法的演员却只穿一件长袍，一条薄单，显得平凡朴实，毫无华彩，然而他们要变出千奇百怪的东西，从酒席菜肴至活鱼、活鸟，无奇不有。中国戏法演员一个跟斗能献出烈火燃烧的铜盆，再一个跟斗又取出硕大无比、有鱼有水的鱼缸。

**4. 轻重并举，通灵入化，软硬功夫相辅相成。**

最能表现这一艺术特色的是“蹬技”。“蹬技”多数是由女演员表演，演员躺在特制的方台上，以双足来蹬。所蹬物体几乎包罗万象，从绍兴酒罐、彩缸、瓦钟到桌子、梯子、木柱、木板、喧腾带响的锣鼓等等，轻至绢制的花伞，重到一百多斤重的活人。表演者可以将被蹬物体蹬得飞旋如轮，只见影子不见物象。

**5. 超人的力量和轻捷灵巧的跟斗技艺相结合。**

“叠罗汉”的底座负重量惊人。古代“载竿”有一人顶十八人的记载。在近世的“千斤担”节目中，一位老演员手举脚蹬，同时举起四副石担和七八个演员，负重千斤以上，表现了超人的力量。传统的“拉硬弓”“耍关刀”都是负重极大的节目。

**6. 大量运用生活用具和劳动工具，富有生活气息。**

碗、盘、坛、盅、绳、鞭、叉、竿、梯、桌、椅、伞、帽等等，这些平常的东西，在中国杂技艺人手里，变幻万状，显示了中国杂技与劳动生活的紧密关系。有些杂技节目就是劳动技能和民间游戏结合的产物，如“绳技”等，就是牧民套马、赶车和儿童跳绳的艺术化。

**7. 古朴的工艺美术和形体技巧的结合。**

“耍坛子”“转碟”把中国的瓷绘艺术与杂技交融在一起。“蹬技”中的花伞和彩单同样给人以传统工艺艺术的美感。

**8. 有极大的适应性，表演形式、场所多样化。**

表演的场所可以是广场、剧场、街巷、客房等，表演形式可以是百人大荟萃，也可以是一人现场即席献艺。正是这种广泛的适应性，使杂技能千古犹存。

**9. 有严密的师承传统。**

杂技有严密的内在性，师父传授的诀窍绝不轻易授人，所谓“饿死不卖门子（魔术机关）”等，就是指严格的保密性。

### 单元学习活动

◎在中国杂技演出中，你最欣赏哪一类节目？

◎杂技艺人常常说“台上一分钟，台下十年功”，你是怎么理解这句话的？

# 第八单元

# 人类医药的宝库

# ——中医中药

# 第一节
# 中医方法

中医不同于西医，其方法包括诊病的方法、治病的方法和治疗的手段。

## 一、中医诊病方法

中医给病人诊病的时候不用听诊器，没有化验单，而是摸摸脉，看看舌苔，再多问几句病情。因而中医给病人诊病有它独特的诊断方法，即“四诊”——望、闻、问、切。

### 1. 望诊。

观察病人形体、面色、舌体、舌苔，根据形色变化确定病位、病性，称为“望诊”。望诊包括一般望诊和舌诊两部分内容。一般望诊又包括望神、察色、望形态、望五官等，舌诊包括望舌质、望舌苔。

望诊首先是望神，神是人体生命活动的体现。例如：神志清楚，语言清晰，目光明亮，反应灵敏，被称为“有神”，是健康或病情轻浅的表现；精神萎靡，表情淡漠，目光晦暗，反应迟钝，甚至神志不清，被称为“无神”，表示病情较重。通过望神可以对病人的病情和预后做一个估计，做到心中有数。

察色，主要观察面部的颜色和光泽，根据不同的色泽可以看出气血盛衰和疾病的发展变化。正常中国人面色微黄，红润有光泽，若出现异常色泽，则称为“病色”。常见的病色有：白色，主虚主寒主失血；黄色，主虚主湿；青色，主寒主瘀主痛，主小儿惊风；红色，主热；黑色，主肾虚。

望形态，指望形体和动态。例如：形肥食少，为脾虚有痰；形瘦善饥，为胃中有火；踡卧喜静，多属寒证；烦躁喜动，多属热证；张口抬肩，喘息不能平卧，是喘证；项背强急，角弓反张，是痉病；循衣摸床；撮空理线，是危重证候。

中医认为五脏开窍于五官，五官内应于五脏，通过望五官可以了解一定的内脏病变。例如：目赤红肿，多为肝火或风热；两目上窜、直视或斜视，为肝风内动；耳轮干枯焦黑，为肾精亏虚；鼻翼煽动，为邪热蕴肺；牙龈肿或兼出血，属胃热亢盛。

望舌诊病是中医通过长期实践和积累而形成的独特的察病手段。中医说："望舌质可知五脏之虚实，观舌苔可知六淫之浅深。"所以，望舌主要是观察舌质和舌苔。舌质是舌的肌肉部分，舌苔是舌面附着的苔状物。舌质可以反映五脏的虚实，舌苔可以察外邪侵入人体的深浅。正常舌象简述为"淡红舌，薄白苔"。舌质淡白主虚主寒，舌质红主热，舌质紫主瘀血；白苔主表证寒证，黄苔主黑证热证，苔黄而厚腻是湿热或痰热；苔薄病情轻，苔厚病情重；舌苔由薄变厚表示病进，由厚变薄表示病退。临床上，通常把舌质和舌苔的变化联系起来，综合判断。中医认为，一般是急性病重舌，慢性病重脉，因为舌象能比较准确及时地反映机体生理病理状况。

熟练运用望诊，能够既快又准地诊断疾病，所以中医说"望而知之谓之神"。

**2. 闻诊**。

闻诊是通过听声音和嗅气味，以测知患者的病况。例如：语声高亢宏亮，多言躁动，属实证、热证、外感病证；语声低微，少言沉静，属虚证、寒证、内伤病证；口臭，多属胃热或消化不良。闻诊包括听声音和嗅气味两方面。

（1）听声音指从病人声音的高低、缓急、强弱、清浊，测知其病性的方法。声音高亢是正气未虚，属于热证、实证。语声重浊乃外感风寒，肺气不宣，肺津不布，气郁津凝，湿阻肺系会厌，声带变厚，以致声音重浊。

（2）嗅气味可分为病人身体的气味和病室内的气味。①病人口臭，多属消化不良；腐臭，多属体内有溃疡。②病室内有尸臭气味，多属腑脏败坏；有烂苹果气味，多属消渴病（糖尿病）危重患者。

### 3. 问诊。

所谓问诊，是询问病人及其家属，了解现有证象及其病史，为辨证施治提供依据的一种方法。明代医家张景岳认为问诊“乃诊治之要领，临证之首务”。写出“十问歌”供行医人参考。综观四诊所获证象，大多由问诊得来。

问诊范围甚广，后人将《景岳全书》所列十问加以增润。《医学实在易·问证诗》：“一问寒热二问汗，三问头身四问便，五问饮食六问胸，七聋八渴俱当辨，九问旧病十问因，再兼服药参机变。妇人尤必问经期，迟速闭崩皆可见，再添片语告儿科，天花麻疹全占验。”

问诊要详细、全面，包括病人的一般情况、主诉、现病史、既往史、个人生活史、家族史等。医生问得详细，了解得全面，便于分析病情。有的医生当病人还在叙述病情时，就自以为摸准了病情，草率地开出处方，这既是对病人不负责，也是与医德相悖的。

### 4. 切诊。

包括脉诊和按诊。主要通过切按患者脉象，并触摸肌肤、胸腹、胁肋等部位，以判断有无异常情况。脉诊又称切脉、把脉，是医者用手指按病人腕后桡动脉搏动处，借以体察脉象变化，辨别脏腑功能盛衰、气血津液虚滞的一种方法。正常脉象是寸、关、尺三部都有脉在搏动，不浮不沉，不迟不数，从容和缓，柔和有力，流利均匀，节律一致，一息搏动四至五次。

切脉辨证，早在《内经》《难经》中就有记载，并经历几千年来的不断总结，对于何证出现何脉已有详细论述。但对证象与脉象间的内在联系，却无明晰的概念，不能令人一目了然，以致学者只知其然而不知其所以然。脉证间的内在联系，如用一句话来概括，就是气血津液出现虚滞，五脏功能出现盛衰，才会出现不同脉证。所以，只有弄清气血津液的生化输泄与五脏间的关系，才能将气血津液虚滞和五脏功能盛衰出现的证象与脉象联系起来，才能明白切脉能够察其五脏病变的道理所在。

分辨脉象，主要是从脉搏跳动的强弱、频率、部位、形状等方面来判断。脉诊是中医独有的诊断方法，在中医诊断时有重要的参考价值。例如妊娠之脉，其脉象往来流利，应指圆滑，如珠走盘，被称为“滑脉”。

不同脉象的形成，与心脏、脉络、气血津液有着密不可分的关系。脉象的不同变化反映了心力强弱、脉络弛张、气血津液虚滞三个方面的变化。由于气血津液需五脏协同合作才能完成其生化输泄，其虚滞也就反映了五脏功能的盛衰，从而反映于脉，形成不同的脉象。

## 二、中医治病八法

中医治病，有八种基本方法：汗法、吐法、下法、和法、温法、清法、消法、补法。这也是根据自然的法则来的。其实，人体本身就有这八种功能，并且会自发地调动，从而维持身体的平衡。药物或其他治疗方法，只不过是一个辅助或促进罢了。

**1. 汗法**。

有开泄腠理、解除表邪等作用。该法主治各种表证，可缓解恶寒发热、头身疼痛、鼻塞流涕、苔薄脉浮等症。汗法还有透邪、祛湿、消肿之功，可用于治疗麻疹初起，疹点隐而不透；或风湿痹证，肢体酸楚疼痛；或水肿，腰以上肿甚者，以及疮疡、痢疾初起而有寒热表证等。由于邪气有兼夹，体质有强弱，故汗法常与补法、下法、消法、清法、温法等其他治法结合运用。使用汗法应注意取汗之度，切勿过汗伤正，或汗后复感，即所谓汗而勿伤。

**2. 吐法**。

有涌吐痰涎、胃中食积及毒物等作用。适用于中风痰壅、宿食壅阻胃脘、毒物尚在胃中以及痰涎壅盛之癫狂、喉痹等。使用吐法的基本条件是病位居上，病势急暴，内蓄实邪，体质壮实。因吐法易伤胃气，故体虚气弱、妇人新产、孕妇均应慎用。

**3. 下法**。

有通便除积、荡涤实热、攻逐水饮等作用。下法之通便，可导邪外出，故痰饮、瘀血及热邪为患，证属邪正俱实者，亦可应用。由于积滞有寒热，正气有盛衰，病邪有兼夹，所以本法又有寒下、温下、润下、逐水、攻补兼施之别，以及与其他治法的配合运用。使用下法应注意下而勿损。

**4. 和法。**

有和解表里、理气中和、扶正祛邪等作用。该法始见于《伤寒论》小柴胡汤证，原为和解少阳而设，主治往来寒热，胸胁苦满，默默不欲饮食，心烦喜呕，口苦，咽干，目眩，舌苔薄白，脉弦等少阳证。后世随着对和法应用的逐步拓展，不断总结出其尚可治疗肝脾不和、肠寒胃热、气血营卫失和等证。使用和法应注意和而勿泛。

**5. 温法。**

有回阳救逆、温中祛寒、温通血脉等作用。适用于里寒之证。里寒证的形成，有外感内伤的不同，或由寒邪宜中于里，或因失治误治而损伤人体阳气，或因素体阳气虚弱，以致寒从中生。临床主要表现为畏寒、肢冷、口不渴、面色苍白、舌淡苔白、脉沉迟等。由于里寒证形成和发展过程中，往往阳虚与寒邪并存，故温法或与补法配合运用。

**6. 清法。**

有清热解毒、清气凉血等作用。适用于里热证、火证、热毒证以及虚热证等里热病证。里热证有因外邪入里化热，或五志过极化火所致，亦有因内伤久病，阴液耗损，虚热内生引起。由于里热证有实热与虚热之分；实热又有热在气分、营分、血分、热壅成毒以及热在某一脏腑之异，因而该法有清气分热、清营凉血、清热解毒、清脏腑热、清虚热的不同。热证最易伤阴，大热又易耗气，因而清法或与补法配合运用。

**7. 消法。**

有消食导滞、消淤散结、化痰化湿等作用。基于上述邪气致病又各有特点，为使治疗更加明确，消法则有行气、活血、祛湿、祛痰、消食、消症、驱虫之分，治疗气滞、血瘀、水湿、痰饮、食停、症瘕、虫积等病证。本法常与补法、下法、温法、清法等其他治法配合运用。使用消法应注意消而勿伐。

**8. 补法。**

有补益精血、培补元气等作用。适用于各种虚证。补法通过药物补益气血阴阳以复正气，使脏腑功能得以增强，则机体正气御邪或祛邪之功得以加强或维系。此外，在正虚不能祛邪外出时，也可以用补法扶助正气，并配合其他治法，达到助正祛邪的目的。虽然补法有时可收到间接祛邪的效果，但一般是在无外邪时使用，以避免“闭门留寇”之弊。补法的具体内容甚多，既有补益气、血、阴、阳的不同，又有分补五脏之侧重，但较常用的治法分类仍以补气、补血、补阴、补阳为主。

## 三、中医治疗手段

中医治病八法并不仅仅是用药的方法。在中医治病八法思想的指导下，治病可以用中药疗法，也可以用针灸疗法、拔罐刮痧疗法、推拿按摩疗法等。

**1. 中药疗法。**

根据中医理论，使用天然药物来治疗疾病。中药可以内服，也可以外用。内服中药通常是通过组方配伍制成汤剂、散剂、丸剂、膏剂等，按照一定的服用方法进行内服，从而达到治病、保健的作用。外用中药则包括中药外敷、中药熏洗等方法。

**2. 针灸疗法。**

针法和灸法的总称。针刺，是应用各种特制针具，施行不同的刺激方法于经络穴位以防治疾病；灸法，主要用艾绒等物熏灼经络穴位以防治疾病。

针和灸早在《内经》中就有论述，是中医治疗学的重要组成部分。

针灸调整作用与药物介入作用不完全相同，但它们在效果上是一致的，并不是产生一种外在的特殊作用，而是加强或抑制原有的生理或病理机能，调整脏腑的机能状态。针灸治疗疾病十分广泛，但目前认为，作用最好的是用于各种痛证。

**3. 拔罐刮痧疗法**。

拔火罐亦称“拔罐”“拔管子”“吸筒”。一种利用热力排出罐中空气而形成负压，使罐口紧吸施治部位，造成局部充血，从而产生治疗作用的方法。多与刺络法配合使用。主要有疏风、清热、镇痛作用，常用于治风湿痛、腰背肌肉劳损、头痛、腹痛、哮喘等。

刮痧是民间流传的简易治病方法。适用于夏秋间因中暑或感受秽浊而见头眩、胸闷、恶心、肢麻、吐泻等症。用光边瓷器、硬币或者牛角板等蘸香油或十滴水等刮颈项、胸背、肋间等处，至皮肤呈红赤色为度。

**4. 推拿按摩疗法**。

中医常用的一种物理治疗方法，主要是通过特定的手法，对特定的部位进行推拿按摩，以达到舒经活络、活血散瘀、消肿止痛等作用。其原理与针灸基本相同，只是一般刺激强度较针灸小，作用力更局限，主要用于局部的痛证，也可以治疗内科疾病，如小儿腹泻之挟脊法。

# 第二节
# 中药煎制和服用小常识

## 一、中药的煎制方法

中药的疗效与中药的煎制方法有直接关系。煎药也是一门大学问，很多人拿着中药包，不知道该如何正确地煎药。下面介绍一些煎药的常识。

**1. 煎药器具的选用。**

中药汤剂的质量与选用的煎药器具有密切的关系。从古至今均以砂锅为好，因为砂锅的材质稳定，不会与药材成分发生化学反应，且传热均匀缓和。此外，也可选用搪瓷锅和玻璃煎器。不能使用铁锅、铜锅、铝锅等金属容器。因为在煎药过程中，药中有效成分易与金属发生化学反应，会减轻疗效或引起中毒。

**2. 煎药的加水量。**

煎药的加水量也很重要，加水量的多少直接影响汤剂的质量。水加少了，会造成药物煎煮不透，有效成分浸出不完全；水加多了，煎煮出的药液多，病人服用时很不方便。中药材因质地不同，吸水量差别较大。重量相同的药物，质地疏松的，体积就大，吸水量自然就多；质地坚实的，体积就小，吸水量就少。因此，煎煮花、叶、全草类药材，加水量要多一些；煎煮矿物类、贝壳类药材，加水量应少一些。传统的加水方法，是将药材放入锅内，第一次煎煮时加水量超过药材表面 3～5 厘米，第二次煎煮时加水量超过药物表面 3 厘米。

### 3. 煎药中注意的问题。

(1) 煎药前的浸泡。药材在煎煮前一定要浸泡，这是因为来源于植物类的药材多是以干燥品的形式保存，加水浸泡可使药材变软，其组织细胞膨胀后可恢复其天然状态，煎药时易于有效成分浸出。一般以花、叶、茎类为主的药材，浸泡时间为 1～1.5 小时。以根、种子、根茎、果实类为主的药材，浸泡时间为 2～3 小时。头煎前浸泡的水就是煎药的水，不要倒掉。

(2) 煎煮次数。试验证明，多次煎煮比一次长时间煎煮的效果好。汤剂煎煮两次能够煎出所含成分的 80%左右，所以煎药的次数以两次或三次为宜。

(3) 煎药的温度。煎药温度的高低，中医称之为“火候”，习惯上称为“文火、武火”或“弱火、强火”。如煎药时火候过强，水分蒸发快，会影响有效成分的煎出，也容易糊锅。反之，火候弱，煎煮的药效果就差。一般在未沸腾时用武火，煮沸后改用文火，保持微沸的状态。这样可减慢水的蒸发，有利于有效成分的煎出。

(4) 煎煮时间。主要根据药材的性质以及所治疗的疾病而定。一般第一煎煮沸 20～30 分钟，第二煎煮沸 15～20 分钟。治疗感冒类药材，第一煎煮沸 10～15 分钟，第二煎煮沸 15～20 分钟。滋补类药材，第一煎煮沸 30～40 分钟，第二煎煮沸 40～50 分钟。

### 4. 中药特殊煎法。

有些中药材因性质、成分特殊，煎煮时需特殊处理，方可产生最佳效果。

① 先煎药。一般是一些矿物、贝壳、角甲类药材，因其质地坚硬，有效成分不易煎出，宜打碎先煎，再与其他药材混合后煎煮。常见的先煎药有生石膏、生龙骨、珍珠母、生赭石等。另外，有毒药材先煎、久煎可达到减毒或去毒的目的，如乌头类药材久煎可使乌头碱分解为乌头原碱，使毒性大大降低，但煎煮时间不宜过长。

② 后下药。一般是气味芳香含挥发油或不宜长时间煎煮的药材，如霍香、钩藤、大黄等。这些药物因煎煮时有效成分容易挥发或被分解破坏，宜后下，待其他药材煎煮将成时投入，煎沸几分钟即可。

③ 包煎药：一般是将种子和个别的花粉药物用纱布袋装好，放入群药内共煎煮。常见的包煎药有车前子、旋覆花等。车前子含大量黏液质，直接混入汤剂中煎煮，易黏锅糊化，把药煎糊；旋覆花包煎可避免其绒毛脱落混入汤液中，从而刺激咽喉。

④ 溶化服。用热药液将药物溶化后服用。常见的溶化服药物有玄明粉、芒硝等。

⑤ 烊化服。主要是一些胶类药物，由于其黏性比较大，煎煮时容易熬焦，宜另行烊化，再与其他药汁兑服。常见的烊化服药物有阿胶、鹿角胶、龟板胶等。

⑥ 另煎兑入。一些贵重药物要单独煎煮，以免煎出的有效成分被其他药渣吸附，造成浪费。常见的单独煎煮药物有人参、西洋参、鹿茸等。

⑦ 冲服。一些贵重的药物细粉不能与群药一起煎煮，多用开水冲服或将药粉溶于其他药液中服用。这样既有利于发挥药材的作用，又可节省药材。常见的冲服药物有三七粉、羚羊角粉、牛黄粉等。

## 二、中药的服用方法

### 1. 服药时间。

饭前服：病位在下，应在饭前服药，以使药性容易下达。如肝肾虚损，一般在饭前 30～60 分钟服药。治疗肠道疾病，也宜在饭前服药。因为在胃空状态下，药液能直接与消化道黏膜接触，较快地通过胃进入肠道，从而较多地被吸收并发挥作用，不致受胃内食物稀释而影响药效。

饭后服：病位在上，应在饭后服药。如治疗心肺胸膈、胃脘以上的病症，一般在饭后 15～30 分钟服药，可使药性上行。对胃肠有刺激作用的药，在饭后服用，可减少对胃肠黏膜的损害。毒性较大的药，也宜在饭后服用，以免吸收太快而产生不良反应。

餐间服：即在两餐之间服药，避免食物对药物的影响。治疗脾胃病的药宜餐间服。

空腹服：具有滋补作用的汤药，宜早晨空腹服用，以利于充分吸收。用于驱虫或治疗四肢血脉病的药物，也宜空腹服用，可使药物迅速入肠，从而保持较高浓度并迅速发挥药效。具有泻下作用的汤药亦如此，以增强药效。

睡前服：补心脾、安心神、镇静安眠的药物，一般在睡前 15～30 分钟服用。

隔夜服：主要是指驱虫药。应睡前服用 1 次，第二天早晨空腹再服用 1 次，以便将虫杀死并排出体外。

值得注意的是，急性重病应尽快服药或频服药（每隔 1～2 小时服一次），慢性病则需按时服药。

总之，服中药的时间要根据病情和药物的性质来确定，以尽量发挥药物的预防治疗作用、减少不良反应为原则。

**2. 服用方法。**

中药的具体服用方法如下。

温服：一般药物均宜温服。药煎好后放一会儿，待其不冷不热时服。

热服：凡伤风感冒的药，宜趁热服，以达到发汗的目的；祛寒通血脉的药也是如此，以利于祛寒活血。

冷服：在药液冷却后服。一般解毒药、止吐药、清热药，均应冷服。

顿服：病情较急者，煎好后立即一次服下，称为顿服，取急病急治之意。药性峻烈的小剂量汤药，要一次服完，使药物在不伤人体正气的情况下，集中药力，发挥最大效应。

频服：凡咽喉病者、呕吐病者，宜采用频服的方法，缓缓服下，使汤药充分接触患部，较快见效。此外，使用峻烈药与毒性药时，宜从小量开始，逐渐加量，千万不要过量，以免发生中毒和损伤人体正气。

总之，应根据病情、病位、病性和药物的特点来决定中药的服用方法。

## 三、中成药小知识

中成药是以中药材或其提取物为原料，在中医药理论指导下，按规定的处方和制剂工艺加工制成的一定剂型的中药制品。

**1. 中成药特点。**

中成药剂型多样，包括丸剂、散剂、膏剂、丹剂、酒剂、熏剂、片剂、针剂、冲剂、气雾剂、胶囊剂等。中成药剂型丰富，服用方便，易于携带，适用于不同的给药方式。

**2. 中成药的储存。**

一般应该放置于阴凉、干燥、通风的环境中，注意防潮，避免阳光直射和高温环境。糖浆、蜜丸等容易发生霉变的药物，开封后应尽快吃完，剩余药物久置后不可再用。内用药和外用药要分开储存。

**3. 要正确选用中成药。**

必须了解中成药的功效、主治病症、使用注意事项，选用与病情相适合的中成药。否则不但无效，还可能有害。

**4. 与西药联用的注意事项。**

在与西药联用时，注意以下事项：①有无明确禁忌；②副作用是否相似；③尽可能减少联用药物的种数和剂量；④尽可能选择不同的给药方式；⑤如若必须同一途径用药，应将中、西药分开使用。

## 单元学习活动

◎中医注重“辨证施治”，你能对“辨证施治”进行简单的解读吗?

◎中医治病有八种方法，请说一说，并对其中一种方法进行详细的介绍。

# 第九单元

# 历史文化的“活化石”

# ——中国的世界非物质文化遗产

# 第一节
# 端午节

农历五月初五，是中华民族的传统节日——端午节。端午还有“端五”“重五”“重午”等名称。“端”在古汉语中有开头、开端之意。《风土记》里说：“仲夏端午。端者，初也。”又据《荆楚岁时记》记载，因仲夏登高，顺阳在上，五月正值仲夏，在第一个午日登高顺阳，故五月初五亦称“端阳节”。此外，端午节还有许多别称，如午日节、重五节、五月节、浴兰节、女儿节、天中节、地腊节、诗人节等。2009 年 9 月 30 日，端午节被联合国教科文组织列入《人类非物质文化遗产代表作名录》，成为中国首个入选世界非遗的节日。

## 一、端午节的起源

端午节是古老的传统节日，始于两千多年前的中国的春秋战国时期。端午节的由来与传说有很多。

**1. 源于古越民族图腾祭。**

据学者闻一多先生在《端午考》和《端午的历史教育》中列举的百余条古籍记载及专家考古考证，端午的起源是中国古代南方吴越民族举行的图腾祭祀活动，时间早于纪念屈原。近代大量出土文物和考古研究证实：长江中下游广大地区，在新石器时代，有一种几何印纹陶为特征的文化遗存。该遗存的族属，据专家推断是一个崇拜龙的图腾的部族，史称“百越族”。端午节是他们创立用于祭祖的节日。在数千年的历史发展中，大部分百越人已经融合到汉族中去了，其余部分则演变为南方许多少数民族。因此，端午节成了全中华民族的节日。

**2. 源于纪念屈原。**

据《史记·屈原贾生列传》记载，屈原是战国时期楚怀王的大臣。他倡导举贤授能，彰明法度，力主联齐抗秦，遭到贵族子兰等人的强烈反对。屈原遭谗去职，被赶出都城，流放到沅湘流域。在流放中，他写下了忧国忧民的《离骚》《天问》《九歌》等不朽诗篇。公元前 278 年，秦军攻破楚国京都。屈原眼看自己的祖国被侵略，心如刀割，但是始终不忍舍弃自己的祖国，于五月五日写下绝笔作《怀沙》之后，抱石投汨罗江而死，用自己的生命谱写了一曲壮丽的爱国主义乐章。

传说屈原死后，楚国百姓哀痛异常，纷纷涌到汨罗江边凭吊屈原。渔夫们划起船只，在江上来回打捞他的遗体，将饭团、鸡蛋等食物丢进江里让鱼虾蟹鳖吃饱，使其不咬屈原的身体。人们见后纷纷仿效。一位老医师则拿来一坛雄黄酒倒进江里，说是要药晕蛟龙水兽，以免它们伤害屈原的尸身。后来为怕饭团为蛟龙所食，人们想出用楝树叶包饭，外缠彩丝，发展成粽子。

以后，在每年的五月初五，就有了龙舟竞渡、吃粽子、喝雄黄酒的风俗，以此来纪念爱国诗人屈原。因此，端午节也称“诗人节”。

**3. 源于纪念伍子胥**

端午节的第二个传说，在江浙一带流传很广，据说是纪念春秋时期的伍子胥。伍子胥，名员，字子胥，楚国人。楚平王七年（前 522），其父伍奢为楚王所杀。伍子胥经宋、郑等国奔吴。后助阖闾刺杀吴王僚，夺取王位，整军经武，使吴国国势日盛。旋攻入楚都，以功封于申。吴王阖闾死后，其子夫差继位，吴军士气高昂，百战百胜。越国大败，越王勾践请和，夫差答应了他。伍子胥建议彻底消灭越国，夫差不听。吴国宰相受越国贿赂，谗言陷害伍子胥，夫差信之，赐伍子胥宝剑，让他自刎。伍子胥本为忠良，视死如归，在死前对邻舍人说，在他死后，将他的眼睛挖出，悬挂在吴京的东门上，以看越国军队入城灭吴。随后便自刎而死。夫差闻言大怒，令人将伍子胥的尸体装在皮革里，于五月五日投入大江。因此，相传端午节亦为纪念伍子胥之日。

**4. 源于纪念孝女曹娥。**

端午节的第三个传说，是为纪念东汉孝女曹娥救父投江。曹娥是东汉会稽上虞（今属浙江）人。汉安二年（143），其父溺死江中，数日不见尸体。当时曹娥年仅十四岁，昼夜沿江号哭，求父尸不得。过了十七天，在五月五日投江而死。元嘉元年（151），县长度尚命邯郸淳作诔辞，立石，以宣扬孝道。

关于端午节的由来，说法甚多，以上各说，各本其源。但千百年来，屈原的爱国精神和感人诗辞，已深入人心，故人们“惜而哀之，世论其辞，以相传焉”。因此，纪念屈原之说影响最广最深，占据主流地位。

## 二、端午节活动

中国民间过端午节是较为隆重的，庆祝活动也是各种各样，比较普遍的习俗活动有赛龙舟、吃粽子、佩香囊、插艾和菖蒲等。

**1. 赛龙舟。**

端午节的主要习俗，相传起源于古时楚国。楚国百姓每年五月五日划龙舟以纪念投江而死的贤臣屈原。竞渡之习，盛行于吴、越、楚。其实，龙舟竞渡早在战国时代就有了。在急鼓声中划龙形的独木舟，展开竞渡游戏，以娱神与乐人，是祭祀仪式中半宗教性、半娱乐性的节目。直到今天，在南方的不少临江河湖海的地区，每年端午节都要举行富有自己特色的龙舟竞赛活动。1980 年，赛龙舟被列入中国国家体育比赛项目，并每年举行“屈原杯”龙舟赛。1991 年 6 月 16 日（农历五月初五），在中国湖南省岳阳市，举行了首届国际龙舟节。

**2. 吃粽子。**

端午节吃粽子，这是中国人民的又一传统习俗。据记载，早在春秋时期，用菰叶（茭白叶）包黍米成牛角状称“角黍”，用竹筒装米密封烤熟称“筒粽”。

晋代，粽子被正式定为端午节食品。晋人周处《风土记》记载：“俗以菰叶裹黍米，……煮之，令烂熟，于五月五日至夏至啖之。一名粽，一名角黍。”唐代，粽子的用米“白莹如玉”，其形状出现锥形、菱形。宋朝时，果品入粽。诗人苏东坡有“时于粽里见杨梅”的诗句。这个时期还出现用粽子堆成楼台亭阁、木车牛马作的广告，说明宋代吃粽子已很时尚。

千百年来，吃粽子的风俗在中国盛行不衰，而且流传到朝鲜、日本及东南亚诸国。

**3. 佩香囊**。

端午节小孩佩香囊，传说有避邪驱瘟之意。香囊内有朱砂、雄黄、香药，外包以丝布，清香四溢，再以五色丝线弦扣成索，做成各种不同形状，结成一串，形形色色，玲珑可爱。

**4. 插艾和菖蒲**。

俗语有云：“清明插柳，端午插艾。”在端午节，人们把插艾和菖蒲作为重要内容之一。家家户户都洒扫庭除，以菖蒲、艾条插于门楣，悬于堂中。并用菖蒲、艾叶、榴花、蒜头、龙船花制成人形或虎形，称为“艾人”“艾虎”；制成花环、佩饰，美丽芬芳，妇人争相佩戴，用以驱瘴。

过端午节，是中国人两千多年来的传统习惯，由于地域广大，民族众多，加上许多故事传说，于是不仅产生了众多相异的节名，而且各地也有着不尽相同的习俗。这些习俗至今在中国各地及邻近诸国流传，有些活动，如赛龙舟等，已得到新的发展，突破了时间、地域的界限，成为了国际性的体育赛事。

# 第二节
# 雕版印刷

雕版印刷在印刷史上有“活化石”之称。扬州是中国雕版印刷术的发源地，是中国国内唯一保存全套古老雕版印刷工艺的城市。2009 年，由扬州广陵古籍刻印社、南京金陵刻经处、四川德格印经院代表中国申报的雕版印刷技艺正式入选《人类非物质文化遗产代表作名录》。

自从汉朝发明纸以后，书写材料比过去用的甲骨、简牍、金石和缣帛要轻便、经济多了，但是抄写书籍还是非常费工，远远不能适应社会的需要。中国古代劳动人民从刻印章中得到启发，经过长期实践和研究，发明了人类历史上最早的雕版印刷术，并在唐朝中后期普遍使用。宋代虽然发明了活字印刷术，但普遍使用的仍然是雕版印刷术。

雕版印刷是在一定厚度的平滑的木板上，粘贴上抄写工整的书稿，薄而近乎透明的稿纸正面和木板相贴，字就成了反体，笔画清晰可辨。雕刻工人用刻刀把版面没有字迹的部分削去，就成了字体凸出的阳文。印刷的时候，在凸起的字体上涂上墨汁，然后把纸覆在它的上面，轻轻拂拭纸背，字迹就留在纸上了。

雕版印刷作为最早在中国出现的印刷形式，大约 2 000 年以前就已经出现了。现存最早的雕版印刷品是公元 868 年印刷的《金刚经》（现藏大英博物馆）。

公元 824 年，元稹为白居易诗集作序，说道：“二十年间，禁省、观寺、邮候墙壁之上无不书，王公、妾妇、牛童、马走之口无不道。至于缮写模勒，炫卖于市井，或持之以交酒茗者，处处皆是。”其中“模勒”即模刻，“持之以交酒茗”则是指拿着白居易诗印本去换茶换酒。可见到九世纪初，印刷术的应用已由佛教经文扩大到人们喜欢阅读的诗歌方面了。

到了宋代，雕版印刷已发展到了全盛时代。公元 971 年，在成都刻印全部 5 048 卷的《大藏经》，雕版 13 万块，花费 12 年。至今中国仍保存着大约

700 本宋代的雕版印刷古籍。

雕版印刷技艺是一种具有突出价值且民族特征鲜明、传统技艺高度集中的人类非物质文化遗产，凝聚着中国造纸术、制墨术、雕刻术等几种优秀的中国传统工艺。它为后来的活字印刷术开了技术上的先河，是世界现代印刷术最古老的技术源头，对人类文明发展作出了突出贡献。它的使用为文化传播和文明交流提供了最便捷的条件之一。雕版印刷术是唯一没有区域限制、影响遍布全国的文化形态，它的影响甚至传及海外。作为一种民族遗产，它不仅是中国的，也是世界的。

## 第三节
## 活字印刷

印刷术是中国古代劳动人民的四大发明之一。它开始于唐朝的雕版印刷术。雕版印刷对文化的传播起了重大作用，但是存在明显缺点：一是刻版费时费工费料，二是大批书版存放不便，三是有错字不容易更正。北宋发明家毕昇总结了历代雕版印刷丰富的实践经验，经过反复试验，在宋仁宗庆历年间（1041—1048）制成了胶泥活字，并实行排版印刷，完成了印刷史上一项重大的革命。

毕昇创造胶泥活字印刷术的事迹，比较完整地记录在北宋著名科学家沈括的名著《梦溪笔谈》里。

毕昇发明的胶泥活字印刷方法既简单灵活，又方便轻巧。其制作程序为：先用胶泥做成一个个规格统一的单字，用火烧硬，使其成为胶泥活字，然后把它们分类放在木格里，一般常用字备用几个至几十个，以备排版之需。排版时，用一块带框的铁板作底托，上面敷一层用松脂、蜡、纸灰混合制成的药剂，然后把需要的胶泥活字一个个从备用的木格里拣出来，排进框内，排满一框就成为一版，再用火烤。等药剂稍熔化，用一块平板把字面压平，待药剂冷却凝固后，就成为版型。印刷时，只要在版型上刷上墨，敷上纸，加上一定压力，就行了。印完后，再用火把药剂烤化，轻轻一抖，胶泥活字便从铁板上脱落下来，下次又可以再用。

毕昇的胶泥活字版印书方法，如果只印二三本，不算省事；如果印成百上千份，工作效率就极其可观了，不仅能够节约大量的人力物力，而且可以大大提高印刷的速度和质量，比雕版印刷要优越得多。

活字制版速度快，只要事先准备好足够的单个活字，就可以随时拼版，大大地加快了制版时间。活字版印完后可以拆版，活字可以重复使用。活字比雕版占有的空间小，容易存储和保管。

毕昇起初用木料作活字，实验发现木纹疏密不一，遇水后易膨胀变形，与粘药固结后不易去下，才改用胶泥。毕昇发明了胶泥活字印刷术，提高了印刷的效率。虽然他的发明未受到当时统治者和社会的重视，他创造的胶泥活字也没有保留下来，但他的技术逐步流传并得了进一步的发展和改进。1965 年在浙江温州白象塔内发现的刊本《佛说观无量寿佛经》，经鉴定为北宋元符至崇宁（1098—1106）年间活字本。这是毕昇活字印刷技术的最早历史见证。

毕昇发明的胶泥活字印刷术，标志着活字印刷术的诞生。之后，中国人又发明了锡活字、木活字、铜活字、铅活字等。其中木活字对后世影响较大，仅次于雕版。德国人古登堡于 1450 年前后发明了现代铅合金活字。

2010 年 11 月 15 日，活字印刷术被联合国教科文组织列入《急需保护的非物质文化遗产名录》。

# 第四节
# 宣纸

造纸术为中国古代四大发明之一。宣纸是传统手工纸品最杰出的代表，居文房四宝之首，迄今已有1 000多年的历史。“宣纸”一词最早出现在唐代学者张彦远所著的《历代名画记》一书中：“好事家宜置宣纸百幅，用法蜡之，以备摹写。”这是最直接对宣纸定名的文章。

宣纸因产地安徽泾县唐代属宣州（治今安徽宣城），故名。宣纸始于唐代，发展于宋明两代，至清代声誉达到顶峰。其具有百折不损、质地绵韧、不蛀不腐、墨润万变等特点，写字则骨神兼备，作画则神采飞扬，成为最能体现中国艺术风格的书画纸。它也是中国书法、绘画艺术及典籍印刷的最佳载体，为中国书画艺术和中国传统文化的传承和发展作出了突出的贡献。中国宣纸以“薄似蝉翼白似雪，抖似细绸不闻声”而闻名。中国宣纸文化凝聚着几千年的中国文化艺术，蕴含着极其丰富的历史内涵。

民间传说，东汉安帝建光元年（121），蔡伦死后，其弟子孔丹在皖南造纸，很想造出一种洁白的纸，好为老师画像，以表缅怀之情。一次，孔丹在一峡谷溪边，偶见一棵古老的青檀树横卧溪上，经流水终年冲洗，树皮腐烂变白，露出缕缕长而洁白的纤维。孔丹欣喜若狂，取以造纸，经反复试验，终于研制出宣纸。

宣纸制作技艺是传统手工造纸的杰出代表，源远流长，有文字记载的历史最早可以追溯到唐代。宣纸严格选用安徽泾县及其周边地区的青檀（树）皮和沙田稻草为原料，经过石灰腌泡、缓和蒸煮、日光漂白、石碓打浆、竹帘入槽、榨帖焙干等18道工序、100多道手工操作制成。

宣纸制作技艺经口传心授世代相传，不断改进，并与多种文化元素结合，为传承中华民族文化作出了突出贡献，对促进民族认同和维护文化多样性有重要的作用。2009年，宣纸制作技艺被联合国教科文组织列入《人类非物质文化遗产代表作名录》。

自唐代以后，宣纸一直为中国人所爱好。南唐后主李煜亲自监制的“澄心堂”纸就是宣纸中的珍品，它“肤如卵膜，坚洁如玉，细薄光润，冠于一时”。宣纸生产至清代臻于鼎盛，出现了王六吉、汪同和等著名品牌，在国内外屡得大奖。

## 单元学习活动

◎参加一项端午节民俗活动，如观看赛龙舟、亲手包粽子、插艾和菖蒲等，感受端午节的氛围。

◎阅读《史记·屈原贾生列传》，了解屈原的生平，感受其爱国情怀，更深层次地理解端午节人们纪念他的原因。

◎将雕版印刷术和活字印刷术作比较，并从现代环境保护的角度出发，分析两种印刷术哪一种更具现实意义。

◎每一次申遗，都是一次对民族文化、技艺的巡礼。请观看宣纸的联合国教科文组织《人类非物质文化遗产代表作名录》申报片，并谈谈你被其中哪些画面所打动。